Die Vorbereitung auf DAS JENSEITS

Titel: Die Vorbereitung auf das Jenseits: 50 Perlen aus dem Koran und
der Sunnah für die Ewigkeit im Paradies
Autor: ʿAbd-ul-Ḥakīm al-ʾAlmānī
Herausgeber: al-ʾIṣlāḥ Verlag
Cover & Buchsatz: Islam Farid
Sprachl. Lektorat: Hendrik Breland
Islamisches Lektorat: Muḥammad ʾAbū Fāṭimah

1. Auflage, 2024

ISBN: 9789083316420

al-ʾIṣlāḥ

© Al-ʾIṣlāḥ Verlag
Der Verlag wird vertreten von Gutes Wort, Joes Jongenstraat
32, 6372 GB Landgraaf, Niederlande.

Die Vorbereitung auf DAS JENSEITS

50 PERLEN AUS DEM KORAN UND DER SUNNAH FÜR DIE EWIGKEIT IM PARADIES

ʿABD-UL-ḤAKĪM AL-ʾALMĀNIYY

INHALTSVERZEICHNIS

Vorwort

الْحَمْدُ لِلهِ، نَحْمَدُهُ وَنَسْتَعِينُهُ وَنَسْتَغْفِرُهُ وَنَتُوبُ إِلَيْهِ، وَنَعُوذُ بِاللهِ مِنْ شُرُورِ أَنْفُسِنَا وَمِنْ سَيِّئَاتِ أَعْمَالِنَا، مَنْ يَهْدِهِ اللهُ فَلَا مُضِلَّ لَهُ، وَمَنْ يُضْلِلْ فَلَا هَادِيَ لَهُ، وَأَشْهَدُ أَنْ لَا إِلَهَ إِلَّا اللهُ وَحْدَهُ لَا شَرِيكَ لَهُ، وَأَشْهَدُ أَنَّ مُحَمَّدًا عَبْدُهُ وَرَسُولُهُ؛ صَلَّى اللهُ عَلَيْهِ وَعَلَى آلِهِ وَأَصْحَابِهِ وَمَنْ تَبِعَهُمْ بِإِحْسَانٍ وَسَلَّمَ تَسْلِيمًا كَثِيرًا إِلَى يَوْمِ الدِّينِ.

Im Namen Allāhs, des Allerbarmers, des Barmherzigen.

Alles Lob gebührt Allāh, Ihn loben wir, Ihn bitten wir um Hilfe, Ihn bitten wir um Vergebung und zu Ihm kehren wir reumütig zurück. Und wir suchen Zuflucht bei Allāh vor dem Schlechten unserer eigenen Seelen und den Sündhaften unserer Taten. Wen Allāh rechtleitet, so gibt es für ihn keinen, der ihn in die Irre führt. Und wen Er in die Irre gehen lässt, so gibt es für ihn keinen, der ihn rechtleitet. Und ich bezeuge, dass es keinen anbetungswürdigen Gott gibt, außer Allāh, dem Einzigen, der keinen Partner hat; und ich bezeuge, dass Muḥammad Sein Diener und Sein Gesandter ist; möge Allāhs Segen und Heil auf ihm, seiner Familie, seinen Gefährten und jenen sein, die ihnen im Guten folgen, bis zum Jüngsten Tag.

„Oh die ihr glaubt, fürchtet Aḷḷāh in gebührender Furcht und sterbt nicht anders, denn als (Aḷḷāh) Ergebene!"[1]

„Oh ihr Menschen, fürchtet euren Herrn, Der euch aus einem einzigen Wesen erschuf; und aus ihm schuf Er seine Gattin und lies aus beiden viele Männer und Frauen sich (auf der Erde) verbreiten. Und fürchtet Aḷḷāh, in Dessen (Namen) ihr einander bittet, und die Verwandtschaftsbande. Gewiss, Aḷḷāh ist Wächter über euch."[2]

„Oh die ihr glaubt, fürchtet Aḷḷāh und sagt besonnene Worte, so lässt Er eure Werke als gut gelten und vergibt euch eure Sünden. Und wer Aḷḷāh und Seinem Gesandten gehorcht, der erzielt ja einen großartigen Erfolg."[3]

أَمَّا بَعْدُ:

Folglich:

Jede Menschenseele wünscht sich ein paradiesisches Leben und strebt nach Perfektion: Jeder wünscht sich ein perfektes Haus, eine perfekte Familie, perfekte Kleidung, perfekte Speisen und perfekte Getränke, keine Probleme, nur Glück und Freude... alles, was zu einem perfekten Leben dazugehört. Dieses perfekte Leben werden wir jedoch im Diesseits niemals erreichen, ganz egal wie sehr wir uns auch dafür anstrengen. Diese ernüchternde Tatsache lehrt uns zwei äußerst wichtige Erkenntnisse:

Zum einen sind unsere Seelen nicht für den permanenten Aufenthalt in dieser Welt erschaffen. Sie begehren eine Vollkommenheit und Perfektion, die diese Welt nicht zu bieten hat. Unser wahres Leben beginnt erst im Jenseits[4], wo das Paradies die Vollkommenheit und Perfektion, die unsere Seelen begehren, sogar übertrifft. Unsere Seelen sehnen sich nach dem Paradies, um dort bis in alle Ewigkeit zu leben. Und was sind 80 oder sogar 100 Jahre des irdischen Lebens im Vergleich

---

[1] Sūrah (3) ’Āli ‘Imrān, Vers 102.

[2] Sūrah (4) an-Nisā’, Vers 1.

[3] Sūrah (33) al-’Aḥzāb, Vers 70-71.

[4] Sūrah (89) al-Faǧr, Vers 24.

zur Ewigkeit? Selbst wenn dort eine Million Jahre vergangen sind, ist das immer noch nichts im Vergleich zur Ewigkeit! Aus diesem Grund sollte sich jeder anstrengen, das wahre Leben in ewiger paradiesischer Wonne zu erreichen.

Und zum anderen ist diese Welt kein Ort des Genusses, sondern vielmehr ist diese Welt ein Ort der Prüfung[5]. Es geht in ihr nicht darum, ein paradiesisches Leben zu führen, sonst hätten wir auch schließlich direkt im Paradies erschaffen werden können. Es ist wichtig zu verstehen, dass diese Welt nicht das Paradies ist und dass es dazu gehört, dass Schicksalsschläge einen treffen, dass das Leben auch harte Zeiten bereithält und dass man ständig in Bewegung bleiben muss, um gute Taten zu verrichten, damit man im Jenseits erfolgreich sein wird. Diese Welt ist im Vergleich zu dem, was Aḷḷāh ﷻ für Seine gläubigen Diener vorbereitet hat, nichts wert, denn der Gesandte Aḷḷāhs ﷺ sagte über sie: „Wenn das Diesseits bei Aḷḷāh den Wert des Flügels einer Mücke hätte, (so würde) er keinem Leugner Wasser zu trinken geben."[6] Wenn Aḷḷāh ﷻ dieser Welt nicht einmal den Wert des Flügels einer Mücke gibt, wie gewaltig, wie prächtig und wie umwerfend schön muss dann das Paradies erst sein, wenn sogar Aḷḷāh ﷻ das Leben in ihm als einen „gewaltigen Erfolg"[7] und einen „großen Lohn"[8] bezeichnet? Der Gesandte Aḷḷāhs ﷺ sagte: „Aḷḷāh sagt: ‚Ich habe für Meine rechtschaffenen Diener (Dinge im Paradies) vorbereitet, die noch kein Auge gesehen, noch kein Ohr gehört und sich noch kein Herz irgendeines Menschen vorgestellt hat.' So lest, wenn ihr wollt: ‚So weiß keine Seele, welche Freuden für sie

---

[5] Sūrah (2) al-Baqarah, Vers 35-37.

[6] at-Tirmiḏiyy (2320), Riyāḍ uṣ-Ṣāliḥīn (477), Ḥadīṯ ḥasan ṣaḥīḥ; mit ähnlichem Wortlaut in Ibn Māǧah (4110), Ḥadīṯ ḥasan.

[7] Sūrah (4) an-Nisā', Vers 13; Sūrah (5) al-Mā'idah, Vers 119; Sūrah (9) at-Tawbah, Vers 72, 89, 100, 111; Sūrah (10) Yūnus, Vers 64; Sūrah (17) aṣ-Ṣāffāt, Vers 60; Sūrah (40) Ġāfir, Vers 9; Sūrah (44) ad-Duḫān, Vers 57.

[8] Sūrah (11) Hūd, Vers 11; Sūrah (17) al-'Isrā', Vers 9; Sūrah (35) Fāṭir, Vers 7; Sūrah (57) al-Ḥadīd, Vers 7; Sūrah (67) al-Mulk, Vers 12.

im Verborgen (vorbereitet) wurden: Als Lohn für das, was sie **zu tun pflegten.**‘⁹“ ¹⁰

Genau diese guten Taten, für die – so Allāh will – das Paradies der Lohn sein wird, werden in diesem Buch thematisiert. Dabei ist das Ziel, diejenigen Eigenschaften und Taten hervorzuheben, die die möglichst größten Belohnungen im Jenseits einbringen werden. Jedoch sei betont, dass die wichtigsten und grundlegendsten Taten überhaupt die fünf Säulen des ’Islāms sind. Jeder Muslim sollte zuerst die fünf Säulen durchführen¹¹, bevor er über weitere Taten nachdenkt. Ebenso sei aber auch betont, dass die fünf Säulen an sich schon ausreichen, um das Paradies zu erreichen, denn dies zeigt die folgende Begebenheit zur Zeit des Propheten Muḥammad ﷺ:

Ein Beduine¹² mit wuscheligem Kopf(haar), dessen Hall seiner Stimme gehört wurde, jedoch nicht verstanden wurde, was er sagte, bis er sich näherte, kam zum Gesandten Allāhs ﷺ. Als er (ihn) dann über den ’Islām frug, antwortete ihm der Gesandte Allāhs ﷺ: „Fünf Gebete am Tag und in der Nacht.“ Er frug: „Muss ich mehr machen als diese (fünf Gebete)?“ Der Prophet ﷺ antwortete: „Nein, außer dass du folgsam bist. Und dass du im Monat Ramaḍān fastest.“ Er frug: „Muss ich mehr machen als dieses (Fasten)?“ Der Prophet ﷺ antwortete: „Nein, außer dass du folgsam bist.“ Und der Gesandte Allāhs ﷺ erwähnte ihm gegenüber die Zakāh. So sagte er: „Muss ich mehr machen als diese (Spende)?“ Der Prophet ﷺ antwortete: „Nein, außer dass du folgsam bist.“ So kehrte (ihm) der Mann den Rücken und sagte: „Ich werde nicht mehr und nicht weniger machen als das.“ So sagte der Gesandte Allāhs

---

⁹ Sūrah (32) as-Saǧdah, Vers 17.

¹⁰ Ṣaḥīḥ al-Buḫāriyy (4780), at-Tirmiḏiyy (3197), Ḥadīṯ ṣaḥīḥ; mit ähnlichem Wortlaut in Ṣaḥīḥ al-Buḫāriyy (3244, 7498), Ṣaḥīḥ Muslim (2824).

¹¹ Wenn man finanziell oder gesundheitlich nicht in der Lage ist, die fünfte Säule des ’Islāms die Pilgerfahrt [Ḥaǧǧ] nach Makkah durchzuführen, dann ist man davon entschuldigt und es trifft einen keine Sünde für dessen Unterlassung.

¹² In anderen Versionen ist der folgende Wortlaut überliefert: „ein Mann von den Bewohnern von Naǧd [Eine Region im Zentrum des heutigen Saudi Arabiens].“

﷽: „Er wird (im Jenseits) erfolgreich sein, wenn er sich an das hält, was er gesagt hat."[13]

Dieser Ḥadīṯ lehrt uns, dass die Durchführung der fünf Säulen des 'Islāms zum einen die absolute Grundlage dafür ist, um das Paradies zu betreten, und zum anderen warnt er uns davor, dass wir die fünf Säulen unterlassen. Bezüglich ihrer Unterlassung gibt es unter den Gelehrten sowohl die Meinung, dass dies ein Hinderungsgrund dafür sein kann, um das Paradies direkt nach der Abrechnung zu betreten, ohne zuvor die Qualen des Höllenfeuers erleiden zu müssen, als auch dass derjenige, der sie unterlässt, das Paradies niemals betritt – und dies ist sogar eine sehr starke Meinung, die viele Gelehrten vertreten haben.

Bezüglich dieses Buches sei noch weiter ausgeführt, dass dessen Schwerpunkt auf denjenigen guten Taten und den Eigenschaften liegt, die einen nicht einfach nur irgendwie ins Paradies bringen, sondern mit Allāhs Barmherzigkeit möglichst viele Belohnungen und die höchsten Paradiesstufen als Lohn zur Folge haben.

Des Weiteren ist es nicht als ein theoretisches Buch zu verstehen, sondern vielmehr als ein praktisches Buch für die Anwendung: Das, was wir lesen verinnerlichen wir, und das, was wir verinnerlicht haben, setzen wir um. Es wäre sogar am besten, sich vorzunehmen, kein neues Kapitel zu beginnen, bis man nicht das gelesene Kapitel in seinem Leben umgesetzt hat, denn Allāh ﷻ sagt in Seinem edlen Buch:

„Das Gleichnis derjenigen, denen die Tora aufgetragen wurde, die sie hierauf aber doch nicht getragen haben, ist das eines Esels, der Bücher trägt. Schlimm ist das Gleichnis der Leute, die Allāhs Zeichen für Lüge erklären. Und Allāh leitet das ungerechte Volk nicht recht."[14]

Allāh ﷻ spricht im Qur'ān nicht (nur) über die Juden, damit sie, wenn sie seine Verse hören oder lesen, reumütig zu Ihm zurückkehren

---

[13] Ṣaḥīḥ al-Buḫāiyy (46, 1891, 2678), Ṣaḥīḥ Muslim (11), 'Abū Dāwūd (391), an-Nasā'iyy (458, 2090, 5028), Musnad 'Imām 'Aḥmad (1390), Ḥadīṯ ṣaḥīḥ; mit ähnlichem Wortlaut in Ṣaḥīḥ Muslim (12, 14).

[14] Sūrah (61) al-Ǧumuʿah, Vers 5.

und den ʾIslām annehmen, sondern vielmehr berichtet Er ﷻ uns von ihnen und ihren Eigenschaften, damit wir sie als Negativbeispiele haben und nicht die gleichen Fehler machen wie sie.

Genauso wie ein Jude, der seine Religion gelernt hat, diese aber nicht praktiziert, ist auch ein Muslim, der seine Religion gelernt hat, sie aber nicht praktiziert, wie ein Esel, der einfach nur Bücher (auf seinem Rücken) trägt.

Für das Umsetzen des Gelernten wird in diesem Buch nicht ausdrücklich an jeder Stelle darauf eingegangen, ob etwas verpflichtend [*wāǧib*] oder „nur" erwünscht [*mustaḥab*] ist, sondern die Sunnah des Propheten ﷺ wird als ganzheitlich erstrebenswert betrachtet, um sie auf das Leben möglichst vollständig anzuwenden. Denn zum einen geht mit dem Praktizieren die Liebe und der Schutz Aḷḷāhs einher und zum anderen die wahre Zufriedenheit des Herzens.

So sagt Aḷḷāh ﷻ in Seinem edlen Buch: „(Oh Muḥammad,) sag: ‚Wenn ihr Aḷḷāh liebt, dann folgt mir! So liebt euch Aḷḷāh und vergibt euch eure Sünden. Aḷḷāh ist allvergebend und barmherzig.'" [15]

Jeder Muslim gibt an, dass er Aḷḷāh ﷻ liebt. Aber dass Aḷḷāh ﷻ uns als Seine Diener liebt ist nicht selbstverständlich, denn dies ist mit dem Folgen des Propheten Muḥammad ﷺ verbunden – nicht nur in Hinblick auf die Pflichten, sondern auch in Hinsicht auf die freiwilligen Taten.

Hierauf weist auch die folgende Aussage des Gesandten Aḷḷāhs ﷺ hin: „Wahrlich, Aḷḷāh sagte: ‚Wer einen Meiner Diener anfeindet, der unter Meinem Schutz steht, dem habe Ich den Krieg erklärt. Und Mein Diener nähert sich Mir nicht mit etwas, was Ich mehr liebe als mit dem, (was) Ich ihm (an religiösen Pflichten) auferlegt habe. Und Mein Diener hört nicht auf, sich Mir mit freiwilligen Taten zu nähern, bis Ich ihn liebe. So wenn Ich ihn liebe, (dann) bin Ich sein Hören, mit dem er hört, und sein Sehen, mit dem er sieht, und seine Hand, mit der er greift, und sein Fuß, mit dem er geht. Und wenn er

---

[15] Sūrah (3) Āli ʿImrān, Vers 31.

Mich um etwas bittet, so gebe Ich (es) ihm. Und wenn er Zuflucht bei Mir sucht, so gewähre Ich sie ihm. Und Ich zögere nicht (so sehr) bei etwas, wie Ich zögere, der Seele des Gläubigen etwas Schlechtes zuzufügen. Er hasst [den Schmerz im Zustand des Sterbens[16]] und Ich hasse es, ihn (währenddessen) im Stich zu lassen.'"[17]

Außerdem sagt Allāh ﷻ: „[...] Was nun der Gesandte euch (an Geboten) gibt, das nehmt; und was er euch (durch Verbote) untersagt, dessen enthaltet euch. Und fürchtet Allāh! Gewiss, Allāh ist streng im Bestrafen."[18]

Wenn wir solch gewaltige und vielversprechende Aussagen von Allāh ﷻ und Seinem Gesandten ﷺ lesen, dann begreifen wir schnell, dass auch wenn die freiwilligen Taten nicht verpflichtend sind, wir uns dennoch vornehmen sollten, diese so gut und so viele von ihnen wie möglich durchzuführen – besonders, um die höchsten Paradiesstufen zu erreichen.

Das Einzige, was uns im Regelfall davon abhält, viele gute Taten durchzuführen, ist neben dem mangelnden Wissen über sie unsere eigene Faulheit und unsere Unachtsamkeit. Allāh ﷻ sagt: „Nahegerückt ist den Menschen ihre Abrechnung, während sie sich in Unachtsamkeit abwenden. Keine (neulich) offenbarte Ermahnung kommt von ihrem Herrn zu ihnen, ohne dass sie sie hören, während sie spielen und ihre Herzen zerstreut sind. [...]"[19]

„Es steigen die Engel und der Geist [Ǧibril ﷺ] zu Ihm auf – an einem Tag, dessen Ausmaß fünfzigtausend Jahre beträgt. Darum gedulde dich

---

[16] Wörtl.: „Er hasst den Tod", Ibn Ḥaǧar al-'Asqlāniyy erklärt in seinem Buch Fatḥ ul-Bāriyy (11/340), dass hiermit die Schmerzen gemeint sind, die der Mensch verspürt, während bzw. kurz bevor seine Seele aus seinem Körper genommen wird.

[17] Ṣaḥīḥ al-Buḫāriyy (6502), al-Ḥadīṯ al-Qudsī (25).

[18] Sūrah (59) al-Ḥašr, Vers 7.

[19] Sūrah (21) al-'Anbiyā', Vers 1-3.

in schöner Geduld. Gewiss, sie[20] sehen sie [die Stunde] (als) weit entfernt, Wir aber sehen sie [die Stunde] (als) nahe."[21]

Wir treffen zahlreiche Vorkehrungen, um für die Prüfungen gerüstet zu sein, die Aḷḷāh ﷻ uns auferlegen könnte. Dabei legen wir Geld beiseite und nutzen andere Methoden, um uns beispielsweise auf das Alter vorzubereiten, obwohl wir nicht wissen, ob wir es überhaupt erreichen werden. Ähnlich verhält es sich, wenn wir uns beispielsweise durch KFZ-Versicherungen auf Autounfälle vorbereiten, obwohl es durchaus sein kann, dass wir nie in einen verwickelt sein werden.

Aber bezüglich dessen, was uns alle auf jeden Fall erreicht, und keinen einzigen von uns verfehlen wird, sind wir unachtsam: des Todes... und der Auferstehung am Jüngsten Tag...

Aḷḷāh ﷻ warnt uns mit den folgenden Versen: „Er [der Höllenbewohner] wird sagen: ‚O hätte ich doch für mein (wahres) Leben (etwas) vorausgeschickt!' An jenem Tag wird niemand so strafen, wie Er [Aḷḷāh] straft, und niemand wird fesseln, wie Er [Aḷḷāh] fesselt."[22]

An diesem Tag geht es nur darum, dass so viele gute Taten wie nur möglich die Waagschalen erschweren: „Wessen Waagschalen schwer sein werden, dies sind die Erfolgreichen. Wessen Waagschalen aber leicht sein werden, dies sind diejenigen, die ihre Seelen verloren haben; in der Hölle werden sie ewig bleiben. Das Feuer schlägt in ihre Gesichter, und sie werden darin erblasst sein."[23]

Und wer für sich selbst keine guten Taten vorausgeschickt hat, dem kann an diesem gewaltigen Tag keine Menschenseele helfen: „An jenem

---

[20] Im Tafsīr von al-Qurṭubiyy ﷺ erklärt der Autor, dass damit diejenigen von den Mekkanern gemeint sind, die Aḷḷāh und den Jüngsten Tag leugnen und diesen als weit entfernt im Sinne von nicht vorhanden ansehen. Und Aḷḷāh ﷻ weiß es am besten.

[21] Sūrah (70) al-Maʿāriǧ, Vers 4-7.

[22] Sūrah (89) al-Faǧr, Vers 24-26.

[23] Sūrah (23) al-Muʾminūn, Vers 102-104.

Tage wir keine Seele einer anderen Seele nützen können. Und der Befehl gehört (an diesem Tag) Aḷḷāh."[24]

So bitten wir Aḷḷāh ﷻ darum, dieses Buch zu einem Nutzen für uns alle zu machen, auf dass wir mit vielen guten Taten zu Ihm zurückkehren und wir sowohl die wahre Glückseligkeit im Diesseits als Ihm Nahestehende verspüren als auch erfolgreich im Jenseits als Bewohner des Paradieses sein werden.

Möge Aḷḷāh ﷻ jeden Leugner rechtleiten und jeden Muslim in der Religion bekräftigen; möge Er uns alle segnen in allem, was wir tun, und überall, wo wir sind; möge Er unser Wissen mehren und uns erlauben, es vollständig anzuwenden; möge Er uns alle Eigenschaften geben, die er liebt, und uns alle Eigenschaften nehmen, die ihm verhasst sind; möge Er uns zu den Wenigen machen[25]; Möge Er uns am Jüngsten Tag keiner Abrechnung unterziehen und uns in die höchste Paradiesstufe eingehen lassen; aḷḷāhumma 'āmīn!

---

[24] Sūrah (82) al-'Infiṭār, Vers 19.

[25] Im Qur'ān erwähnt Aḷḷāh ﷻ häufig negative Eigenschaften mit der Masse, wie: „[...] aber die meisten von ihnen glauben nicht." (Sūrah (2) al-Baqarah, Vers 100) Oder: „[...] die meisten von ihnen sind Frevler." (Sūrah (3) 'Āli 'Imrān, Vers 110) Oder: „[...] die meisten von ihnen begreifen nicht." (Sūrah (5) al-Mā'idah, Vers 103) Diese Beispiele lassen sich in einer Vielzahl fortsetzen. Und genau deswegen, weil die Masse mit negativen Eigenschaften behaftet ist, bitten wir Aḷḷāh ﷻ darum, uns zu dem genauen Gegenteil zu machen: zu den Wenigen mit guten Eigenschaften.

Über den Autor

ʿAbd-ul-Ḥakīm al-ʾAlmāniyy hat im Alter von 15 Jahren den Islam angenommen, nachdem er sich mit ihm drei Jahre lang durch Online-Vorträge und Bücher auseinandergesetzt hat. Seit dem Tag, an dem er konvertiert ist, lernte er sieben Jahre lang bei der Daʿwah-Gruppe der örtlichen Moschee im Rahmen eines aufbauenden Lernprogramms Themen wie *ʿAqīdah* [islamische Glaubenslehre], *Fiqh* [islamische Normenlehre] und *Sīrah* [Propheten-Biografie] sowie durch mehrere islamische Bildungsseminare weitere verschiedene Themen. Zwei Jahre lang übernahm er dort auch die Rolle eines Vorstandsmitgliedes, wodurch er auch Veranstaltungen organisierte, bei verschiedenen Projekten mitwirkte und als Tutor tätig war.

Des Weiteren studierte er drei Jahre lang bei aš-Šayḫ Muḥammad ʾAbū Fāṭimah, bei dem er arabische Grammatik, *ʾUṣūl al-Fiqh* [die Grundlagen des *Fiqh*], *Fiqh* [islamische Normenlehre], *ʾUṣūl at-Tafsīr* [die Grundlagen der Qurʾān-Erläuterung], *Muṣṭalaḥ al-Ḥadīṯ* [die Termini der Ḥadīṯ-Wissenschaft] und *Sīrah* [Propheten-Biografie] lernte.

Arabisch sowie den Qurʾān lernte er insgesamt neun Jahre lang bei mehreren Lehrern und unterschiedlichen Instituten, von denen besonders sein universitäres Studium der Arabistik und Islamwissenschaft zu nennen ist. Mittlerweile lehrt er die arabische Sprache in einem Online-Kurs.

Über den Lektor
aš-Šayḫ Muḥammad 'Abū Fāṭimah

Muḥammad 'Abū Fāṭimah ist selbst arabischer Muttersprachler und studierte viele verschiedene islamische Fächer bei einer Reihe von Lehrern und Instituten – insbesondere in Marokko und Mauretanien. Im Folgenden werden diese stichpunktartig aufgelistet.

Islamische Schulen und Institutionen:

- Islamisches Institut Holland (Aqidah, Tafsir, Arabisch)
- Alte Universität Tenkert Südmarokko - (800 Jahre alt) - (Usul ul Fiqh, Fiqh, arabische Grammatik)
- Mauretanien: Arabische Grammatik
- Alte Schule Nordmarokko (Hadith, Grammatik)

Šuyūḫ und islamischen Lehrer:

- Shaikh Safar al Hawwali (Aqidah)
- Shaikh Samadi (Hadith, Fiqh, Usul ul Fiqh)
- Shaikh Dr. Al-Qaadi Barhuun, ein Schüler von Shaikh Taqiy ad Dien al Hilaali (Tafsir, Hadith)
- Shaikh Mohamed Suhal (Tafsir, Hadith)
- Shaikh Abdu-Rahmaan Aliwi, ein Schüler von Shaikh Taqiy ad Dien al Hilaali (Fiqh, arab. Grammatik)
- Shaikh Mukhtar U'addi (Usul ul Fiqh, arab. Grammatik)
- Shaikh Abdullah Djlauli (arab. Grammatik)

Onlinestudium bei:

- Shaikh Abdu Rahmaan al Barraak
  (Aqidah, verschiedene Bücher)
- Shaikh Abdul Karim Al Khudir (Hadith, Usul ul Fiqh)
- Shaikh Abdulllah al-Fawzaan (Usul ul Fiqh, arab. Grammatik)

Hier in Deutschland war der Šayḫ bereits in einigen verschiedenen Moscheen 'Imām und hielt dort eine ganze Reihe an Unterrichten, Predigten, Vorträge und Seminare. Er unterrichtet schon seit vielen Jahren und leitet auch seine eigene Islam-Schule, deren Unterrichte online stattfinden.

DIE METHODIK

Dieses Werk baut nach bestem Wissen und Gewissen ausschließlich auf authentischen Überlieferungen [auf Arabisch „'Aḥādīṯ"] auf, die in den Fußnoten durch eine konkrete Quellenangabe belegt werden. Bei umstrittenen 'Aḥādīṯ wurde die Authentifizierung von aš-Šayḫ al-'Albāniyy ﷺ, einem zeitgenössischen Ḥadīṯ-Gelehrten, herangezogen. Dies, weil leider teilweise Praktiken verbreitet sind, die nicht authentisch auf den Propheten Muḥammad ﷺ zurückzuführen sind.

Dies dürfen wir nicht auf die leichte Schulter nehmen, denn zu behaupten, der Prophet ﷺ hätte etwas gesagt oder getan, was nicht der Wahrheit entspricht, ist sehr gefährlich, weil der Ṣaḥābī 'Anas ﷺ sagte: „Wahrlich, das, was mich daran hindert, euch viele Überlieferungen zu berichten, ist, dass der Gesandte Aḷḷāhs ﷺ sagte: „Wer beabsichtigt, über mich zu lügen, so soll er seinen Platz im (Höllen-)Feuer einnehmen."[26] Es reicht demnach schon aus, **zu beabsichtigen,** etwas Falsches über den Propheten Muḥammad ﷺ zu sagen, damit man sich das Höllenfeuer verdient. Aus diesem Grund sollten wir Muslime immer darauf achten, dass wir unsere Religion von authentischen Quellen lernen.

---

[26] Ṣaḥīḥ al-Buḫāriyy (108), Ṣaḥīḥ Muslim (2), mit ähnlichem Wortlaut in Ṣaḥīḥ al-Buḫāriyy (1291), Ṣaḥīḥ Muslim (1,3,4), Musnad 'Imām Aḥmad (507), Ḥadīṯ ṣaḥīḥ.

Außerdem sei an dieser Stelle erwähnt, dass die Überlieferungen möglichst wortgetreu übersetzt wurden, jedoch bei längeren Überlieferungen, in denen häufig das Verb „qāla“, zu Deutsch „sagen“, vorkommt, dieses in verschiedenen Variationen wie „entgegnen“, „erwidern“, „antworten“ oder ähnliche Verben übertragen wurde, damit der Lesefluss im Deutschen nicht allzu monoton gestaltet ist.

Des Weiteren werden Fremdwörter, die durch Kursivschreibung hervorgehoben wurden, in einem Glossar am Ende des Buches im Anhang erklärt. Sollten solche Begriffe unklar sein, können diese ganz einfach dort nachgeschlagen werden.

Genauso befinden sich im Anhang Erklärungen der Umschrift der arabischen Buchstaben sowie der verwendeten Symbole wie z.B. ﷺ hinter dem Prophetennamen. Wem diese neu oder etwas unklar sind, kann sich dort bezüglich dieser einlesen.

Als Verlag und Autor hoffen wir, dass dieses Buch ein Nutzen für die muslimische Gemeinschaft im deutschsprachigen Raum allgemein und auch ganz speziell für dich persönlich sein wird.

Wenn du Verbesserungsvorschläge, Kritik oder Anregungen an uns hast, dann schreib uns gerne eine E-Mail an „info@alislah.de“. Wir freuen uns sehr auf dein Feedback sowie über deine **Bewertung bei Amazon.**

Wir bitten Allāh ﷻ darum, dieses Werk zu einer Bereicherung für dich zu machen, dir viele rechtschaffene Taten zu ermöglichen und dich nach deinem Tod mit der höchsten Paradiesstufe zu belohnen, allāhumma 'āmīn.

DIE AUFRICHTIGKEIT [AL-ʾIḪLĀṢ] UND DIE ANNAHME DER TATEN

عَنْ أَمِيرِ الْمُؤْمِنِينَ أَبِي حَفْصٍ عُمَرَ بنِ الْخَطَّابِ ﷺ قَالَ: سَمِعْتُ رَسُولَ اللهِ ﷺ يَقُولُ: «إِنَّمَا الْأَعْمَالُ بِالنِّيَّاتِ، وَإِنَّمَا لِكُلِّ امْرِئٍ مَا نَوَى فَمَنْ كَانَتْ هِجْرَتُهُ إِلَى اللهِ وَرَسُولِهِ فَهِجْرَتُهُ إِلَى اللهِ وَرَسُولِهِ، وَمَنْ كَانَتْ هِجْرَتُهُ لِدُنْيَا يُصِيبُهَا، أَوِ امْرَأَةٍ يَنْكِحُهَا فَهِجْرَتُهُ إِلَى مَا هَاجَرَ إِلَيْهِ.»

Vom Führer der Gläubigen, ʾAbū Ḥafṣ ʿUmar Ibn al-Ḫaṭṭāb ﷺ, (wird berichtet, dass er) sagte: „Ich hörte den Gesandten Aḷḷāhs ﷺ sagen: ‚Wahrlich, die Taten entsprechen den Absichten; und wahrlich, jede Person bekommt das, was sie beabsichtigte. Wessen Auswanderung also zu Aḷḷāh und seinem Gesandten war, so war dessen Auswanderung zu Aḷḷāh und seinem Gesandten. Und wessen Auswanderung für das diesseitige Leben (durchgeführt wurde), um danach zu streben oder (um) eine Frau zu heiraten, so ist seine Auswanderung für das, wofür er ausgewandert ist.'"[27]

Dieser Ḥadīṯ lehrt uns, dass unsere Absichten der Maßstab für unsere Taten sind. Wenn unsere Absicht aufrichtig für Aḷḷāh ﷺ und somit gut ist, dann ist auch die darauf basierende Tat gut. Und wenn unsere

---

[27] Ṣaḥīḥ al-Buḫāriyy (1, 54, 2529, 3898, 6689, 6953), Ṣaḥīḥ Muslim (1907), ʾAbū Dāwūd (2201), at-Tirmiḏiyy (1647), an-Nasāʾiyy (75, 3437, 3794), Ibn Māǧah (4227), Musnad ʾImām ʾAḥmad (168), Ḥadīṯ ṣaḥīḥ. Wortlaut aus al-ʾArbaʿūn an-Nawawiyyah (ʾImām an-Nawawiyy) (1).

Absicht andere Ziele verfolgt und somit schlecht ist, dann ist auch die darauf aufbauende Tat schlecht.

Wenn eine Person beispielsweise auf eine schöne Art und Weise betet und während der Qur'ān-Rezitation die Stimme verschönert, um den Leuten zu gefallen und um gelobt zu werden, dann ist das eine schlechte Absicht, wodurch die Tat, die ja eigentlich gut ist, dann aber schlecht wird. Betet diese Person hingegen auf eine schöne Art und Weise und verschönert ihre Stimme während der Qur'ān-Rezitation, weil Allāh ﷻ dies liebt, die Person Allāh ﷻ gefallen will, das Paradies anstrebt und die Hölle fürchtet, dann ist die Tat gut, weil die ihr vorausgegangene Absicht gut war.

Wenn eine Person es aber unterlässt, das Gebet auf eine schöne Art und Weise zu beten und ihre Stimme bei der Qur'ān-Rezitation zu verschönern, weil sie Angst hat, dass sie dies nicht aufrichtig tun würde, dann ist auch dies ebenso Augendienerei; denn der Gelehrte al-Fuḍayl Ibn ʿAyyāḍ ﵀ erklärte: „Das Unterlassen der Tat um der Leute willen ist Augendienerei und ihre Ausführung um der Leute willen ist *Širk*. Aufrichtigkeit ist, wenn dich Allāh vor beidem bewahrt."

Des Weiteren ist anzumerken, dass die Absicht keine Sünde zu einer guten Tat machen kann. Der Gelehrte al-Ḥāriṯ al-Muḥāsibiyy ﵀ sagte: „In verbotenen oder verpönten Dingen kann ebenfalls keine Aufrichtigkeit geübt werden. Das ist so, als ob jemand etwas ansieht, was ihm nicht erlaubt ist anzusehen, und behauptet, er sähe es an, um über die Schöpfung Allāhs nachzudenken."

Ein vielleicht klareres Beispiel hierfür wäre aus der heutigen Zeit folgende Situation: Ein junger muslimischer und praktizierender Mann setzt sich mit seinen alten Freunden in die Shisha-Bar und raucht mit ihnen, am Tisch wird Alkohol getrunken und einiges mehr. Dies legitimiert er mit der Begründung: „Ich sitze hier, um mit ihnen über den Islam zu sprechen und ihnen das Gebet sowie die allgemeine Praxis der Religion nahezulegen." Aufgrund dieser Absicht werden die Sünden, die er und seine alten Freunde machen, aber nicht auf einmal zu guten Taten, sondern bleiben Sünden.

Damit eine Tat zu einer guten Tat wird, die verbunden mit einer guten und aufrichtigen Absicht für Aḷḷāh ﷻ zu einer Anbetung und somit im Jenseits belohnt wird, bedarf es also einer zweiten Voraussetzung: *al-Mutāba'ah* – der Befolgung des Propheten Muḥammad ﷺ.

Der Gelehrte Muḥammad Ibn Ṣāliḥ al-'Uṯaymīn ﷫ erklärt, dass die Absicht den inneren und *al-Mutāba'ah* den äußeren Teil einer Tat darstellen. Diese Befolgung des Propheten ﷺ ist in mehreren *'Āyāt* des Qur'āns sowie zahlreichen *'Aḥādīṯ* begründet, wobei er den *Ḥadīṯ* von 'Ā'išah ﵂ hervorhebt, in dem sie von dem Gesandten Aḷḷāhs ﷺ berichtet, dass er sagte: „Wer in dieser unserer Angelegenheit[28] etwas Neues bringt, was nicht von ihr ist, so ist es abgewiesen."[29]

Al-'Imām an-Nawawiyy ﷫ erklärt diesen *Ḥadīṯ* damit, dass Gottesdienste wie die Gebetswaschung, das Gebet oder das Fasten abgelehnt werden, wenn sie auf eine Art und Weise durchgeführt werden, die weder im Qur'ān noch in der *Sunnah* beschrieben wurde. Außerdem erklärt er, dass Erneuerungen in den Anbetungen, die nicht aus dem Qur'ān und der *Sunnah* abgeleitet wurden, sogar Sünden sind und derjenige, der sie durchführt, die Drohung mit der Strafe im Jenseits verdient hat, denn der Gesandte Aḷḷāhs ﷺ sagte: „[...] Wer eine Erneuerung (hier in Madīnah) einführt, so liegt auf ihm der Fluch Aḷḷāhs, (der Fluch) der Engel und (der Fluch) aller Menschen [...]."[30]

Das bedeutet, dass eine Tat nur dann eine gute Tat ist, wenn sie im Qur'ān oder der *Sunnah* belegt ist wie beispielsweise das Pflegen der Verwandtschaftsbande, die Güte zu den Eltern, das Gebet, das Spenden oder das Fasten – bei korrekter Durchführung. Wenn jemand hingegen

---

[28] Gemeint ist Aḷḷāhs Religion: Der 'Islām.

[29] Ṣaḥīḥ al-Buḫāriyy (2697), Ṣaḥīḥ Muslim (1718), 'Abū Dāwūd (4606), Ibn Māǧah (14), Ḥadīṯ ṣaḥīḥ. Ebenso erwähnt in al-'Arba'ūn an-Nawawiyyah ('Imām an-Nawawiyy) (5).

[30] Ṣaḥīḥ al-Buḫāriyy (1867), Ṣaḥīḥ Muslim (1366), 'Abū Dāwūd (4530), Ḥadīṯ ṣaḥīḥ.

etwas Neues in die Religion einführt, indem er beispielsweise sich einen großen Hut anzieht, sich im Kreis dreht und dann sagt, dass dies eine gute Tat sei, dann ist dies zurückzuweisen, weil es dafür keinen Beweis im Qurʾān oder der *Sunnah* gibt.

Somit sind sowohl die aufrichtige Absicht als auch die Befolgung des Propheten Muḥammad ﷺ die Voraussetzungen, damit eine Tat auch als gute Tat von den Engeln aufgeschrieben und somit im Jenseits belohnt werden kann.

Möge Allāh ﷻ unsere Absichten immer reinigen und uns Seinem Gesandten ﷺ auf die bestmögliche Art und Weise folgen lassen, allāhumma ʾāmīn.

Mit diesen Worten steigen wir nun in den ersten Teil dieses Buches ein...

صفات جليلة
حسنات عديدة
Geehrte Eigenschaften
Zahlreiche Belohnungen

Die Erben von Ğannat-al-Firdaws: Die Gläubigen

﴿ قَدْ أَفْلَحَ ٱلْمُؤْمِنُونَ ۝ ٱلَّذِينَ هُمْ فِي صَلَاتِهِمْ خَاشِعُونَ ۝ وَٱلَّذِينَ هُمْ عَنِ ٱللَّغْوِ مُعْرِضُونَ ۝ وَٱلَّذِينَ هُمْ لِلزَّكَاةِ فَاعِلُونَ ۝ وَٱلَّذِينَ هُمْ لِفُرُوجِهِمْ حَافِظُونَ ۝ إِلَّا عَلَىٰٓ أَزْوَٰجِهِمْ أَوْ مَا مَلَكَتْ أَيْمَانُهُمْ فَإِنَّهُمْ غَيْرُ مَلُومِينَ ۝ فَمَنِ ٱبْتَغَىٰ وَرَآءَ ذَٰلِكَ فَأُوْلَٰٓئِكَ هُمُ ٱلْعَادُونَ ۝ وَٱلَّذِينَ هُمْ لِأَمَانَاتِهِمْ وَعَهْدِهِمْ رَاعُونَ ۝ وَٱلَّذِينَ هُمْ عَلَىٰ صَلَوَٰتِهِمْ يُحَافِظُونَ ۝ أُوْلَٰٓئِكَ هُمُ ٱلْوَارِثُونَ ۝ ٱلَّذِينَ يَرِثُونَ ٱلْفِرْدَوْسَ هُمْ فِيهَا خَٰلِدُونَ ۝ ﴾

„Wahrlich, erfolgreich sind die Gläubigen! (1) Diejenigen, die in ihren Gebeten demütig sind; (2) und diejenigen, die sich von unbedachter Rede fernhalten; (3) und diejenigen, die die Zakāh durchführen; (4) und diejenigen, die ihre Schamteile hüten, (5) außer gegenüber ihren Ehefrauen oder dem, was ihre rechte Hand (an Sklavinnen) besitzt, denn darin sind sie nicht zu tadeln. (6) Und wer darüber hinaus (etwas) begehrt, so sind diese die Übertreter! (7) Und diejenigen, die auf die ihnen anvertrauten Güter und ihre Verträge achtgeben; (8) und diejenigen, die ihre Gebete bewahren; (9) diese sind die Erben, (10) diejenigen, die al-Firdaws erben werden; ewig werden sie darin bleiben. (11)"[31]

Allāh ﷻ gibt uns in diesen elf Versen eine Anleitung, wie wir *al-Firdaws* erlangen können. Doch was lässt uns wissen, was *al-Firdaws*

---

[31] Sūrah (23) al-Mu'minūn, Vers 1-11.

ist, sodass wir wissen, was es so erstrebenswert macht, dass wir uns diese Eigenschaften aneignen?

Umm ar-Rubayyʿ bint al-Barāʾ, die Mutter von Ḥāriṯah Ibn Sarāqah, kam zum Propheten ﷺ, so sagte sie: „Oh Prophet Allāhs, kannst du mir nicht von Ḥāriṯah berichten? Er wurde am Tag von Badr von einem Speer getötet, der von einer unbekannten Person geworfen wurde. Wenn er im Paradies ist, so bin ich geduldig. Und ist er das nicht, so werde ich bitterlich um ihn weinen." Er ﷺ sagte: „Oh Mutter von Ḥāriṯah; wahrlich, es sind Gärten im Paradies; und wahrlich, dein Sohn ist ein Bewohner von *Firdaws al-ʾAʿlā*!"[32]

Die Gelehrten sagen, dass diese kurze Hinzufügung des Propheten ﷺ *al-ʾAʿlā* nach *Firdaws* eine ganz wichtige Information beinhaltet: *al-ʾAʿlā* ist *das Höchste*! Somit ist *Ǧannat-al-Firdaws al-ʾAʿlā* die höchste Paradiesstufe, die ein Mensch erreichen kann!

Des Weiteren sagte der Gesandte Allāhs ﷺ: „Das Paradies hat einhundert Stufen. Zwischen jeder Stufe ist (an Abstand das,) was (als Abstand) zwischen dem Himmel und der Erde ist. Und wahrlich, die höchste (Stufe des Paradieses) ist *al-Firdaws*; und wahrlich, dessen vorzüglichste (Stufe) ist *al-Firdaws*; und wahrlich, der Thron (Allāhs) ist (wie ein Dach) über *al-Firdaws*: Aus ihm entspringen die Flüsse des Paradieses. Wenn ihr also Allāh bittet, dann bittet ihn um *al-Firdaws*!"[33]

Wer die im Qurʾān genannten Eigenschaften trägt, wird mit der Erlaubnis Allāhs ﷺ in die höchste und beste Stufe des Paradieses eingehen, die Allāh ﷺ am nächsten und mit den großartigsten Belohnungen verbunden ist! Das ist doch ein großartiger Antrieb, um sich diese Eigenschaften anzueignen! Aus diesem Grund wollen wir uns mit ihnen im Folgenden detaillierter beschäftigen:

---

[32] Ṣaḥīḥ al-Buḫāriyy (2809), Ṣaḥīḥ al-Ǧāmiʿ (7852), at-Tirmiḏiyy (3174), an-Nasāʾiyy (8232), Aḥmad (12252), Ḥadīṯ ṣaḥīḥ; Wortlaut aus Ṣaḥīḥ al-Buḫāriyy.

[33] Ibn Māǧah (4331), mit ähnlichem Wortlaut in at-Tirmiḏiyy (2531), Ḥadīṯ ṣaḥīḥ.

[1.] Demut (Ḫušūᶜ) im Gebet

Diejenigen, die in ihren Gebeten demütig sind; (2)

Um im Gebet demütig zu sein, widmest du dich gedanklich, körperlich und mit ganzem Herzen voll und ganz deinem Gebet. Dies auf eine Art und Weise, in der du zugleich sowohl Ehrfurcht als auch Ruhe verspürst. Es gibt eine ganze Reihe an Möglichkeiten, wie du deine Demut im Gebet verbessern kannst, wobei im Rahmen dieses Buches drei Aspekte hervorgehoben werden:

Zum einen ist es wichtig, dass du dir die Bedeutungen von dem, was du während des Gebetes sprichst, ins Bewusstsein ruft. Es beginnt mit der *Takbīrat-al-'Iḥrām*[34] und endet mit dem *Taslīm*[35]. Was ist die Bedeutung von Sūrah al-Fātiḥah? Was ist die Bedeutung von dem, was man in der Verbeugung oder in der Niederwerfung sagt? Wer im Gebet über alle Bedeutungen dachdenkt, wird mit der Hilfe Aḷḷāhs ﷻ in Anwesenheit des Herzens beten.

Zum anderen ist es wichtig, dass du das Gebet als Dialog mit Aḷḷāh ﷻ verstehst. Der Prophet Muḥammad ﷺ sagte: „Wahrlich, wenn sich der Gläubige im Gebet befindet, hält er ein persönliches Gespräch mit seinem Herrn [...]."[36] Bezüglich dieses persönlichen Gespräches, das während des gesamten Gebetes stattfindet, hat uns der Prophet Muḥammad ﷺ sogar über den genauen Wortlaut während der Rezitation von Sūrah al-Fātiḥah informiert: „Aḷḷāh der Erhabene sagt: ‚Ich teilte das Gebet zwischen mir und meinem Diener in zwei Hälften, und für meinen Diener soll das sein, worum er bat.' Wenn der Diener also sagt: ‚Alles Lob gebührt Aḷḷāh, dem Herrn der Welten,' sagt Aḷḷāh der Erhabene: ‚Mein Diener lobte mich.' Und wenn er sagt: ‚dem

---

[34] Dies ist das Sagen von „Aḷḷāhu 'akbar" zu Beginn des Gebets.

[35] Dies ist das Sprechen von „As-Salāmu ᶜalaykum (wa Raḥmat-uḷ-Ḷāh)" zum Abschluss des Gebets.

[36] Ṣaḥīḥ al-Buḫāriyy (413).

Allerbarmer, dem Barmherzigen,' sagt Aḷḷāh der Erhabene: ,Mein Diener rühmte mich.' Und wenn er sagt: ,dem Besitzer am Jüngsten Tag,' sagt Er: ,Mein Diener verherrlichte Mich,' und manchmal sagt Er: ,Mein Diener bevollmächtigt Mich (über all seine Angelegenheiten).' So wenn er sagt: ,Nur Dich allein beten wir an und nur Dich allein bitten wir um Hilfe,' sagte Er: ,Dies ist zwischen Mir und Meinem Diener, und für Meinen Diener soll das sein, worum er bat.' Wenn er also sagt: ,Führe uns den geraden Weg. Den Weg derer, denen Du (Deine) Gunst erwiesen hast; und nicht (den Weg) derjenigen, die Deinen Zorn auf sich gezogen haben, und nicht (den Weg) der Irregehenden,' (dann) sagt Er: ,Dies ist für Meinen Diener; und für Meinen Diener soll das sein, worum er bat.'"[37] Dieser großartige Dialog findet in jeder einzelnen Gebetseinheit statt. Und wenn du dir diesen jedes Mal vor Augen führst, dann wirst du deine Demut im Gebet mit der Hilfe Aḷḷāhs ﷻ steigern können.

Des Weiteren solltest du dir bewusst sein, dass du in zwei Situationen vor Aḷḷāh ﷻ stehst. Dies ist zum einen die Abrechnung am Tag der Auferstehung und zum anderen das Gebet. So sagte der Gelehrte Ibn Qayyim al-Ǧawziyyah ﵀ „Der Diener steht zweimal vor Aḷḷāh: Das Stehen vor Ihm im Gebet und das Stehen vor Ihm am Tage der Auferstehung. Wer also auf eine gute und richtige Art und Weise das erste Stehen durchführt, dem wird das zweite Stehen erleichtert. Und wer dieses (erste) Stehen geringschätzt und es nicht auf eine gute und richtige Art und Weise durchführt, dem wird dieses (zweite) Stehen erschwert."[38] Wer mit diesem Bewusstsein betet, der wird das Gebet auf eine ganz neue Art und Weise wahrnehmen und mit der Hilfe Aḷḷāhs ﷻ demütiger beten.

Aber frohe Botschaft an die Betenden! Man kann hoffen, dass man zu den Demütigen gehört, sobald man Freude an einem ruhigen und langsamen Gebet empfindet, die Süße eines langgezogenen Gebetes schmeckt und es einem leicht fällt; denn Aḷḷāh ﷻ sagt in Seinem edlen

---

[37] Ṣaḥīḥ Muslim (395), ’Abū Dāwūd (821), Ḥadīṯ ṣaḥīḥ.

[38] al-Fawā’id von Ibn Qayyim al-Ǧawziyyah, S. 200.

Buch: „Und haltet fest an der Geduld und am Gebet; und wahrlich, es [das Gebet] ist ja schwierig, außer für die Demütigen."[39]

Und Allāh ﷻ weiß es am besten.

Wir bitten Allāh ﷻ darum, uns zu denjenigen zu machen, die in ihren Gebeten *Ḫušūʿ* [Demut] empfinden, die die Süße des Gebetes schmecken und es lieben, ruhig und langsam zu beten; allāhumma ʾāmīn.

[2.] Keine Unbedachte Rede führen und sich von dieser abwenden

und diejenigen, die sich von unbedachter Rede fernhalten; (3)

Die Gelehrten erklären, dass *unbedachte Rede* all solche Gespräche umfasst, die keinen Nutzen haben – weder in Bezug auf das Diesseits noch auf das Jenseits. Von dieser Art von Gesprächen solltest du dich somit fernhalten. Aber was bedeutet das nun konkret für die Praxis?

Wenn du dich mit Leuten triffst, die Gespräche führen, die nichts Nützliches beinhalten, sondern einfach nur leeres Geschwätz, dann solltest du versuchen, das Gespräch in eine nützliche Richtung zu lenken. Dies können beispielsweise naturwissenschaftliche oder gesellschaftliche Themen sowie auch Geschichten oder Biografien sein, wodurch die Gesprächsteilnehmer einen Nutzen mitnehmen können. Im Idealfall kannst du sogar ein religiöses Thema in die Gesprächsrunde einführen.

Sollte ein solcher Themenwechsel nicht möglich sein, dann solltest du dich entschuldigen und das Gespräch verlassen sowie in Zukunft diese Gesprächsrunde meiden, denn Allāh ﷻ sagt in Seinem edlen Buch: „Und diejenigen, die keine Falschaussage bezeugen, und, wenn sie im Vorbeigehen unbedachte Rede (hören), würdevoll weitergehen."[40]

---

[39] Sūrah (2) al-Baqarah, Vers 45.

[40] Sūrah (25) al-Furqān, Vers 72.

Des Weiteren erklären die *Tafsīr*-Gelehrten, dass mit „unbedachter Rede" auch Spiele und Musik gemeint sind: also jegliche Art des Zeitvertreibs, die keinen Nutzen bringt. Darüber hinaus kommst du durch die Unterlassung solcher Dinge auch dem Sinn deiner Erschaffung sehr viel näher, den Allāh ﷻ wie folgt definiert: „Und Wir haben den Himmel und die Erde und was dazwischen ist nicht zum Spiel erschaffen."[41], sowie: „Und Ich habe die Ǧinn und die Menschen nur erschaffen, damit sie Mir dienen."[42] Diese beiden Verse lehren uns Muslime, dass Allāh ﷻ uns und diese Welt nicht einfach nur zum Spaß erschaffen hat, sondern für die Anbetung.[43]

Aus diesem Grund sollte sich der Muslim nicht mit Dingen beschäftigen, die keinen Nutzen bringen, wie leeres Gerede, Spiele[44] oder Musik[45]. Viel lieber sollte man Zeit in Tätigkeiten, Wissen oder

---

[41] Sūrah (21) al-'Anbiyā', Vers 16.

[42] Sūrah (51) ad̠-D̠āriyāt, Vers 56.

[43] Das bedeutet nicht, dass du kein normales Leben mehr führen und dich am besten in ein Zimmer einsperren solltest, wo du den ganzen Tag lang betest, fastest und *'Ad̠kār* sprichst. Dies wäre eine Übertreibung, die nicht von der Religion ist! Der Gefährte 'Anas Ibn Mālik ﷺ berichtete von einer Gruppe der Gefährten des Propheten ﷺ, von denen einer sagte: „Ich heirate keine Frauen." Ein anderer sagte: „Ich esse kein Fleisch." Ein anderer sagte: „Ich schlafe nicht auf einem Bett [Er betet die ganze Nacht lang, ohne zu schlafen]." Ein anderer sagte: „Ich werde (immer) fasten und mein Fasten (nie) brechen." So erreichte (die Nachricht über ihre Aussagen) den Gesandten Allāhs ﷺ, so lobte und preiste er Allāh. Daraufhin sagte er: „Was ist mit den Leuten, die dieses und jenes sagen? Ich aber bete und schlafe; ich faste und ich breche mein Fasten; und ich heirate die Frauen. Wer sich also von meiner Sunnah entfernt, so ist er nicht von mir." (Ṣaḥīḥ al-Buḫāriyy (5063), Ṣaḥīḥ Muslim (1401), 'Abū Dāwūd (1369), an-Nasā'iyy (3217), Ḥadīt̠ ṣaḥīḥ.) Es geht darum, das richtige Maß zu finden: Dass man weder in die Richtung der Anbetung noch in die Richtung des Genusses übertreibt.

[44] Mit Ausnahme von den beiden islamischen Festen: Das Fest des Fastenbrechens nach Ramaḍān sowie das Opferfest im Monat der Pilgerfahrt. An diesen beiden Festen ist es sogar von der *Sunnah*, den Tag mit Freude und Spaß zu gestalten, wozu auch gehört, Spiele zu spielen.

[45] Bezüglich der Musik ist es wichtig anzumerken, dass dieser Vers als Beweis angeführt wird, weshalb das Hören von Musik nicht nur unerwünscht, sondern sogar verboten ist. Unter den Gelehrten gibt es fast einen Konsens darüber, dass Musik verboten [ḥarām] ist. Der Einzige, der sie erlaubt hat, war Ibn Ḥazm al-'Andalusiyy ﷺ, der

Gespräche investieren, die nützlich für einen selbst und oder für seine Mitmenschen sind.

Und Allāh ﷻ weiß es am besten.

[3.] Die *Zakāh* durchführen

und diejenigen, die die Zakāh durchführen; (4)

Höchst interessant an diesem Vers ist, dass Allāh ﷻ an dieser Stelle im Gegensatz zu den meisten anderen Versen im Qurʾān nicht davon spricht, dass die Zakāh entrichtet, sondern dass sie durchgeführt werden soll. Was hat es damit auf sich?

Der Begriff *Zakāh* bedeutet sprachlich *Reinigung* und bezeichnet islamwissenschaftlich zum einen die Pflichtabgabe[46], die dritte Säule des Islams, sowie zum anderen auch die Erziehung der Seele. Die Tafsīr-Gelehrten erklären, dass in diesem Vers beide Arten der Zakāh gemeint sind:

- Sowohl die Pflichtabgabe, über die Allāh ﷻ sagt: „[...] und sie entrichten am Tag ihrer Ernte ihren (Pflicht-)Anteil."[47], sowie: „Und verrichtet das Gebet, entrichtet die Pflichtabgabe und folgt dem Gesandten, auf dass euch vergeben wird."[48]

- Als auch die Erziehung der Seele, über die Allāh ﷻ in Verbindung mit einem sehr langen Schwur, der die Bedeutung der Erziehung der Seele immens bekräftigt, sagt: „Bei der

---

fälschlicherweise eine Überlieferung aus Ṣaḥīḥ al-Buḫāriyy als schwach [ḍaʿīf] eingestuft hat – das war sein Fehler, weshalb man ihm nicht in dieser Meinung folgen darf. Der Gelehrte Ibn al-Qayyim ﷺ hat über 100 Beweise aus den Quelltexten angeführt, die Musik verbieten.

[46] Auch die Pflichtabgabe, die dritte Säule des ʾIslāms, ist eine Reinigung: Eine Reinigung von Sünden und von Knauserigkeit.

[47] Sūrah (6) al-ʾAnʿām, Vers 141.

[48] Sūrah (24) an-Nūr, Vers 56.

Sonne und ihrer Morgenhelle; und (bei) dem Mond, wenn
er ihr folgt; und (bei) dem Tag, wenn er sie erscheinen lässt;
und (bei) der Nacht, wenn sie sie überdeckt; und (bei) dem
Himmel und Dem, Der ihn aufgebaut hat; und (bei) der Erde
und Dem, Der sie ausgebreitet hat; und (bei jeder) Seele und
Dem, Der sie geformt hat und ihr dann ihre Sittenlosigkeit
sowie ihre Gottesfurcht eingegeben hat! Wahrlich, erfolgreich
ist derjenige, der [die Seele] reinigt; und verlustreich ist
derjenige, der [die Seele] verkümmern lässt [...]."[49]

So sollte jeder, der zu den Erben von Ğannat-al-Firdaws al-ʾAʿlā gehören
möchte, beiden Arten der Zakāh nachkommen: Er sollte seine jährliche
Zakāh bezahlen und seine Seele erziehen. Möge Aḷḷāh ﷻ uns beides
ermöglichen, aḷḷāhumma ʾāmīn.

[4.] Die Scham hüten

> und diejenigen, die ihre Schamteile hüten, (5) außer
> gegenüber ihren Ehefrauen oder dem, was ihre
> rechte Hand (an Sklavinnen) besitzt, denn darin
> sind sie nicht zu tadeln. (6) Und wer darüber hinaus
> (etwas) begehrt, so sind diese die Übertreter! (7)

Diese Verse beschreiben ausführlich, dass der Vollzug des Beischlafs nur
zwischen Ehepartnern erlaubt ist. Jeder andere Vollzug des Beischlafs
oder irgendeiner intimen Handlung ist verboten, sogar an sich selbst[50],
wie die Gelehrten wie aš-Šayḫ Muḥammad Ibn Ṣāliḥ al-ʿUṯaymīn ﷺ
erklären.

Es ist sogar verboten, Intimitäten allein nur **zu begehren**, die
außerhalb der Interaktion mit dem Ehepartner liegen. Gemeint ist hier

---

[49] Sūrah (91) aš-Šams, Vers 1-10.

[50] Gemeint ist die Selbstbefriedigung.

jedoch nicht ein einmaliger Gedanke, sondern die grundsätzliche innere Einstellung. Bezüglich dieser ist der Prophet Yūsuf ﷺ ein exzellentes Vorbild. Allāh ﷻ berichtet uns im Qur'ān von ihm:

„Und (diejenige), in deren Haus er (als Sklave) war, versuchte, ihn zu verführen. Sie verschloss die Türen und sage: ‚Da bin ich für dich!‘ Er sagte: ‚Allāh beschütze (mich vor ihr)! Er ist wahrlich mein Herr (und) hat mir einen schönen Aufenthalt bereitet. Den Ungerechten wird es gewiss nicht wohl ergehen.‘ Und sie hatte ein starkes Verlangen nach ihm; und er hätte ein Verlangen nach ihr gehabt, wenn er nicht den Beweis seines Herrn gesehen hätte. Dies (geschah), damit Wir das Böse und das Schändliche von ihm abwenden. Er gehört ja zu Unseren Dienern, denen Wir Aufrichtigkeit gegeben haben. (Dann) versuchten beide als erstes zur Türe zu gelangen und sie zerriss ihm sein Hemd von hinten. [...]“[51]

Und: „Sie sagte: ‚(Oh ihr Frauen,) seht, das ist der (schöne Jüngling), dessentwegen ihr mich getadelt habt. Ich habe mich angestrengt, ihn zu verführen, doch er widerstand. Und wenn er (jetzt) nicht tut, was ich ihm befehle, dann wird er ja ins Gefängnis geworfen und zu den Geringgeachteten gehören.‘ Er sagte: ‚(Oh) mein Herr, das Gefängnis ist mir lieber als das, wozu sie mich auffordern. Und wenn Du ihre List nicht von mir abwendest, dann werde ich mich zu ihnen hingezogen fühlen und zu den Ignoranten gehören.‘ Da erhörte ihn sein Herr und wandte ihre List von ihm ab. Er ist ja der Allhörende, der Allwissende.“[52]

Der Prophet Yūsuf ﷺ lehrt uns drei wichtige Aspekte:

- Zum einen zeigt er uns, dass wir immer auf die Hilfe Allāhs ﷻ angewiesen sind. Wenn Er uns nicht beschützt, dann sind wir verloren[53]. Wenn also jemand mit einer

---

[51] Sūrah (12) Yūsuf, Vers 23-25.

[52] Sūrah (12) Yūsuf, Vers 32-34.

[53] Aus diesem Grund bitten wir Ihn auch grundsätzlich in jeder Gebetseinheit [Raka'ah] während der Rezitation von Sūrah (1) al-Fātiḥah, Vers 6-7, um Rechtleitung zum geraden Weg: dem Weg derer, denen Allāh Gunst erwiesen hat. Diese Beschreibung

ähnlichen Situation konfrontiert wird, wie die, in der
sich Yūsuf ﷺ befand, dann soll man genauso wie er
aufrichtig Zuflucht bei Aḷḷāh ﷻ suchen und Seine Hilfe
erbitten – ganz gleich, ob diese Situation von einer anderen
Person oder von seiner eigenen Triebseele ausgeht.

- Wenn man sich dann in einer solchen Situation befindet und
  Aḷḷāh ﷻ um Hilfe und um Schutz gebeten hat, dann sollte
  man es nicht einfach dabei belassen, sondern im Anschluss
  daran sollte man – genauso wie Yūsuf ﷺ – aus der Situation
  fliehen und nicht in dieser verharren. Man soll die Füße in
  die Hand nehmen und schauen, dass man wegkommt.

- Und zum anderen ist die Ablehnung und die Abneigung
  gegenüber den Dingen, die Aḷḷāh ﷻ verboten hat, selbst wenn
  ein irdischer Genuss darin liegt, eine wichtige Eigenschaft,
  die er uns vorlebt. Jeder Muslim sollte sie sich grundsätzlich
  bezüglich aller Verbote aneignen: Egal ob es dabei um Dinge
  geht, die offensichtlich schädlich sind, wie Mord oder
  Diebstahl, oder ob es um Dinge geht, die auf den ersten
  Blick Genussmittel sind, wie (außereheliche) Intimitäten,
  Alkohol oder unerlaubtes Fleisch. Bezüglich der Intimität
  ist jedoch bei einigen von uns eine besondere Erziehung der
  Seele erforderlich, die mit Anstrengungen verbunden ist.
  Dazu findest du Näheres im weiteren Verlauf des Buches...

Das Wichtigste und Praktischste für Unverheiratete ist jedoch als erstes,
einen Ehepartner zu finden. Und wer nicht heiraten kann, der soll fasten,
weil ihn das Fasten[54] beschützt. Der Prophet Muḥammad ﷺ sagte: „Oh

---

„denen Aḷḷāh Gunst erwiesen hat“ bezeichnet die Rechtschaffenen, die Märtyrer, die
Wahrhaftigen und auch die Propheten... somit auch Yūsuf ﷺ (Sūrah (4) an-Nisāʾ, Vers
69). Wer Sūrah (1) al-Fātiḥah ab heute mit dem Bewusstsein rezitiert, dass man Aḷḷāh ﷻ
darum bittet, einen genauso zu machen wie Yūsuf ﷺ, der wird mit Aḷḷāhs Hilfe zum
einen mit mehr Demut [Ḫušūʿ] beten und zum anderen wird Aḷḷāh ﷻ dieses Bittgebet
erhören und einen tatsächlich so machen, wie Yūsuf ﷺ war – so Aḷḷāh ﷻ will.

[54] Wenn auch die Blicke fasten, indem sie gesenkt und auf den Boden gerichtet werden.

Gemeinschaft der Jugendlichen, wer von euch in der Lage ist zu heiraten, der soll heiraten! Denn dies senkt den Blick und bewahrt die Scham. Und wer nicht in der Lage ist (zu heiraten), der soll fasten, denn es ist gewiss ein Schutz für ihn."[55]

Diesbezüglich sei erwähnt, dass die Heirat eigentlich eine ganz einfache Angelegenheit ist. Leider sind es häufig Traditionen, die den Jugendlichen das Heiraten so sehr erschweren, sodass es praktisch fast schon unmöglich für sie wird. Es sei betont, dass diese Traditionen nicht mit dem 'Islām vereinbar sind; und jene, die auf diesen Traditionen beharren und die Jugendlichen damit an der Heirat hindern, alle Sünden tragen, die die Jugendlichen deswegen begehen[56].

So muss die Hochzeitsfeier[57] nicht in einem riesigen Saal mit einem teuren Catering-Service für 30.000,- € ausgetragen werden, sondern vielmehr sollte sie in einer Moschee zelebriert werden, wo das Essen von den Familien selbst oder auch mit Hilfe von Verwandten oder Freunden zubereitet werden kann, sodass die Hochzeitsfeier nur ein paar Hundert Euro kostet. Neben dem Vermeiden von Geldverschwendung hat dies auch den überaus großen Vorteil, dass die islamischen Vorschriften wie das gemeinschaftliche Verrichten der Gebete, die Geschlechtertrennung oder das Wahren von Sitte und Anstand hinsichtlich Speisen, Getränken und Kleidung viel leichter einzuhalten sind als in einem Partysaal.

Des Weiteren sei bezüglich der Brautgabe[58] erwähnt, dass auch sie keine 10.000,- € betragen muss. Manch einer mag vielleicht denken,

---

[55] Ṣaḥīḥ al-Buḫāriyy (5065, 5066), Ṣaḥīḥ Muslim (1400), 'Abū Dāwūd (2046), an-Nasā'iyy (2242, 3209, 3210, 3211), Ibn Māǧah (1845), Ḥadīṯ ṣaḥīḥ.

[56] Dies, weil der Gesandte Aḷḷāhs ﷺ sagte: „Wer zur Rechtleitung ruft, für den ist der gleiche Lohn wie der Lohn derer, die ihm folgen, ohne dass dies etwas von ihren Belohnungen verringert. Und wer zur Irrleitung ruft, für den ist die gleiche Strafe wie die Strafe derer, die ihm folgen, ohne dass dies etwas von ihren Bestrafungen verringert." (Ṣaḥīḥ Muslim (2674), 'Abū Dāwūd (4609) Ibn Māǧah (206), Ḥadīṯ ṣaḥīḥ; at-Tirmiḏiyy (2674), Ḥadīṯ ḥasan ṣaḥīḥ.)

[57] Auf Arabisch: *Walīmah*. Auf Türkisch: *Düğün*.

[58] Auf Arabisch: *Mahr*. Auf Türkisch: *Mehir*.

dass je höher die Brautgabe sei, desto mehr würde der Bräutigam die Braut würdigen, jedoch zeigt die *Sunnah* unseres geliebten Propheten Muḥammad ﷺ etwas anderes:

Der Gesandte Allāhs ﷺ hat seinen Ehefrauen eine Brautgabe in Höhe von 500 Dirham[59] gegeben. ʿAlī Ibn ʾAbī Ṭālib ؓ hat Fāṭimah ؓ, der Tochter des Propheten ﷺ, seinen Schild[60] als Brautgabe gegeben, wofür er 400 Dirham[61] bezahlt hatte. Die Gelehrten sind sich darüber einig, dass ein Dirham aus reinem Silber bestand und ein Gewicht von 2,975g hatte. 500 Dirham entsprechen demnach 1.487,5g Silber und 400 Dirham gleichen 1.190g Silber. Bei dem aktuellen Silberpreis[62] von 0,70 € pro Gramm Silber entsprechen die 500 Dirham einem Wert von 1.041,25 € und 400 Dirham einem Wert von 833,- €. Dies ist die Brautgabe, die die besten Frauen der Welt erhalten haben: Die Ehefrauen des Propheten ﷺ sowie seine Tochter Fāṭimah ؓ[63].

ʿUmar Ibn al-Ḫaṭṭāb ؓ sagte: „Überteuert nicht die Brautgaben der Frauen! Denn wenn es ein Zeichen von Ehre und Großzügigkeit im Diesseits oder ein Zeichen von Gottesfurcht bei Allāh wäre, dann wäre Muḥammad ﷺ gewiss der Erste und der Beste (darin) unter euch gewesen. Er gab keiner seiner Frauen mehr als Brautgabe und keine seiner Töchter hat mehr als Brautgabe bekommen als 12 ʾŪqiyyah (480 Dirham[64]). [...].“[65]

---

[59] Ṣaḥīḥ Muslim (1426).

[60] ʾAbū Dāwūd (2125), an-Nasāʾiyy (3375, 3376), Ḥadīṯ ṣaḥīḥ.

[61] al-Munāqib von al-Ḫawārizmiyy (S. 202-203), Kašf al-Ġummah von al-ʾArbaliyy (1/359), Biḥār al-ʾAnwār von al-Maǧisiyy (39-40) sowie von al-Bayhaqiyy, Ibn Saʿd und ʾAbū Yaʿlā.

[62] Stand: März 2023.

[63] at-Tirmiḏiyy (3878), Ḥadīṯ ṣaḥīḥ.

[64] Eine ʾŪqiyyah sind 40 Dirham. 12 ʾŪqiyyah sind demnach 480 Dirham, die 1.428g Silber gleichen, die wiederum bei einem Wert von 0,70 € pro Gramm Silber 999,60 € entsprechen.

[65] Ibn Māǧah (1887), Ḥadīṯ ṣaḥīḥ.

So soll der Mann der Frau, um deren Hand er anhält, als Brautgabe den Betrag vorschlagen, der ihm gut erscheint und den er tragen kann... JA, islamisch gesehen sagt nicht die Frau, was sie als Brautgabe bekommen möchte, sondern der Mann schlägt der Frau die Brautgabe vor. Dies erklären die Gelehrten wie aš-Šayḫ al-ʾAlbāniyy ☙, dass es nicht den Lehren des ʾIslāms entspricht, dass die Frau sagt, wie viel sie sich als Brautgabe wünscht, sondern dass der Mann der Frau anbietet, welche Brautgabe er ihr geben kann beziehungsweise ihr geben möchte.

Und Allāh ☙ weiß es am besten.

Ebenso gehört zu den Schutzmaßnahmen vor Schändlichem zusätzlich zur Heirat, dass sowohl der Unverheiratete als auch der Verheiratete etwas ganz Simples machen: Sie senken ihre Blicke und schauen auf den Boden. Was man nicht sieht, kann man auch nicht begehren. So sagt Allāh ☙ in Seinem edlen Buch: „Sag zu den gläubigen Männern, sie sollen ihre Blicke senken und ihre Scham hüten. Das ist reiner für sie. Gewiss, Allāh ist kundig dessen, was sie machen. Und sag zu den gläubigen Frauen, sie sollen ihre Blicke senken und ihre Scham hüten, ihren Schmuck nicht offen zeigen, außer dem, was (sonst) sichtbar ist. Und sie sollen ihre Kopftücher auf den Brustschlitz ihres Gewandes schlagen und ihren Schmuck nicht offen zeigen, außer (vor) ihren Ehegatten, ihren Vätern, den Vätern ihrer Ehegatten, ihren Söhnen, den Söhnen ihrer Ehegatten, ihren Brüdern, den Söhnen ihrer Brüder und den Söhnen ihrer Schwestern, (vor) [muslimischen] Frauen, (und vor) denjenigen, die ihre rechte Hand besitzt, den männlichen Gefolgsleuten, die keinen (Geschlechts)trieb (mehr) haben, den Kindern, die auf die Blöße der Frauen (noch) nicht aufmerksam geworden sind. Und sie sollen ihre Füße nicht aneinanderschlagen, damit (nicht) bekannt wird, was sie von ihrem Schmuck verborgen tragen. Wendet euch alle reumütig Allāh zu, (oh) ihr Gläubigen, auf dass es euch wohl ergehen möge!"⁶⁶

---

⁶⁶ Sūrah (24) an-Nūr, Vers 30-31.

Aus diesen beiden Versen geht neben dem Senken des Blicks auch ein gewisser Anstand hervor, den ein gläubiger Muslim hinsichtlich seines Kleidungsstils an den Tag legen sollte. Auch wenn hier explizit nur die Frauen erwähnt sind, schließt das die Männer nicht aus. Sowohl für Männer als auch für Frauen ziemt es sich, sich zu bedecken und weder körperbetonende noch transparente Kleidung in der Öffentlichkeit zu tragen. Des Weiteren ist es ausgehend von diesem Qur'ān-Vers im Hinblick auf die Kleidervorschriften speziell für Frauen vorgesehen, dass sie Kopftücher und Kleider anziehen.

Diese Handlungsweisen beziehen sich auf das Äußerliche. Was nun das Innere, also die Erziehung angeht, so sollte es das Ziel jedes Muslims sein, dass man die außereheliche Intimität so sehr verabscheut, dass man genauso wie Yūsuf ﷺ es sogar bevorzugen würde, für viele Jahre ins Gefängnis zu gehen, als diese Sünde zu begehen.

Dieser Erziehungsprozess ist nicht von heute auf morgen abgeschlossen. Man sollte immer, wenn man mit seinem Ehepartner Zärtlichkeiten ausgetauscht hat, glücklich darüber sein, dass man es im Erlaubten gemacht hat. Und immer, wenn ein Gedanke zum Verbotenen kommt – sei es nur der Gedanke an einen Blick –, dann tadelt man sich und bittet Aḷḷāh ﷻ genauso wie Yūsuf ﷺ um Hilfe und Schutz. Wenn man streng zu sich im Verbotenen und nachgiebig im Erlaubten ist, dann wird dieser Erziehungsprozess mit Aḷḷāhs Hilfe über die Zeit hinweg von Erfolg gekrönt sein. Des Weiteren sollte man verinnerlichen, dass Aḷḷāh ﷻ einen beobachtet. Er sieht einen immer, auch wenn man Ihn nicht sieht. Dies ist die Stufe von *al-'Iḥsān*, wie es im Ḥadīṯ von Ǧibrīl ﷺ[67] erwähnt wird.

Und Aḷḷāh ﷻ weiß es am besten.

Möge Er ﷻ uns diese erstrebenswerte Eigenschaft verleihen, aḷḷāhumma 'āmīn.

---

[67] Ṣaḥīḥ al-Buhari (50), Ṣaḥīḥ Muslim (8). Weiter im Detail wird dieser Ḥadīṯ noch im folgenden Kapitel „Ein großartiger Lohn und die Vergebung Aḷḷāhs ﷻ" erläutert.

[5.] Das anvertraute Gut behüten und die Verträge einhalten

Und diejenigen, die auf die ihnen anvertrauten
Güter und ihre Verträge achtgeben; (8)

Wenn eine andere Person einem Geld oder eine Ware anvertraut hat, damit man darauf in dessen Abwesenheit aufpasst, dann behütet man sie und gibt sie nicht jemand anderem oder schlägt daraus einen weltlichen Nutzen für sich selbst, indem man das Geld ausgibt oder die Ware beispielsweise verwendet oder verkauft. Das, was einem anvertraut wurde, zu veruntreuen, ist eine schlimme Eigenschaft der Heuchler. Der Gesandte Aḷḷāhs ﷺ sagte: „Die Eigenschaften eines Heuchlers sind drei: Wenn er etwas berichtet, lügt er; wenn er etwas verspricht, bricht er sein Versprechen; und wenn ihm etwas anvertraut wird, veruntreut er es."[68]

Jeder Muslim sollte sich darum bemühen, keine dieser drei Eigenschaften zu besitzen. Weder sollte ein Muslim ein Lügner sein, noch jemand, der sein Wort nicht hält, noch jemand, der das anvertraute Gut veruntreut; denn sie alle sind Eigenschaften der Heuchler. Und die Heuchler sind diejenigen, die in der niedrigsten Stufe der Hölle namens ad-Dark ul-ʾAsfal am stärksten bestraft werden[69].

Die Gelehrten erklären, dass ein Heuchler noch stärker bestraft wird als ein Ungläubiger, weil der Ungläubige zwar seinen Unglauben im Herzen trägt, jedoch zeigt er diesen auch nach außen. Der Heuchler hingegen trägt den Unglauben im Herzen, zeigt heuchlerisch nach außen aber einen vorgetäuschten Glauben. Und das ist noch schlimmer als offenkundiger Unglaube.

Das Fazit hieraus sollte sein, dass man auf das, was jemand anderes einem anvertraut, egal ob es Geld oder materielle Güter sind, mindestens

---

[68] Ṣaḥīḥ al-Buḫāriyy (6095), Ṣaḥīḥ Muslim (59), at-Tirmiḏiyy (2631), an-Nasāʾiyy (5021), Ḥadīṯ ṣaḥīḥ.
[69] Sūrah (4) an-Nisāʾ, Vers 145.

genauso aufpasst wie auf seinen eigenen Besitz – wenn nicht sogar noch mehr.

Möge Allāh ﷻ uns weit von den Eigenschaften der Heuchler entfernen und uns zu vertrauenswürdigen und wahrhaftigen Dienern machen, allāhumma ’āmīn.

[6.] Die Gebete bewahren

und diejenigen, die ihre Gebete bewahren; (9)

Es ist eine äußerst beliebte Eigenschaft bei Allāh ﷻ, dass der Diener darauf achtet, seine Gebete pünktlich am Anfang der Gebetszeit zu verrichten und sie nicht hinauszuzögern, denn der Ṣaḥābī ʿAbdullāh Ibn Masʿūd ﷺ berichtete: „Ich frug den Gesandten Allāhs ﷺ: ‚Welche Tat ist am vorzüglichsten?‘ Er sagte: ‚Das Gebet in seiner Zeit.‘ Ich sagte: ‚Danach welche?‘ Er sagte: ‚Die Güte zu den Eltern.‘ Ich sagte: ‚Danach welche?‘ Er sagte: ‚Das Abmühen auf dem Wege Allāhs.‘ [...].[70]

Gemäß dieser Überlieferung ist das Verrichten des Gebetes zu Beginn seiner Zeit sogar noch besser als die Güte zu den Eltern, die bekannterweise eine von den wichtigsten und besten Taten im ’Islām ist. Allāh ﷻ hat beispielsweise die Dankbarkeit gegenüber den Eltern, die ein Teil der Güte ihnen gegenüber ist, mit der Dankbarkeit Ihm gegenüber verbunden, indem Er in Seinem edlen Buch sagt: „Und Wir haben dem Menschen seine Eltern anbefohlen – seine Mutter hat ihn unter wiederholter Schwäche getragen und seine Entwöhnung (geschah) innerhalb von zwei Jahren – Sei Mir und deinen Eltern dankbar! Zu Mir ist der Ausgang."[71] Dies bekräftigt mit aller Deutlichkeit die gewaltige Wertigkeit des Gebets zu Beginn seiner Zeit.

---

[70] Ṣaḥīḥ al-Buḫāriyy (7534), Ṣaḥīḥ Muslim (85), an-Nasā’iyy (611), Ḥadīṯ ṣaḥīḥ.
[71] Sūrah (31) Luqmān, Vers 14.

Das Gegenteil von dem Bewahren der Gebete ist die Unachtsamkeit ihnen gegenüber. Aḷḷāh ﷻ warnt uns davor in dem folgenden Vers: „So wehe den Betenden; denjenigen, die bezüglich ihrer Gebete unachtsam sind; diejenigen, die (nur) gesehen werden wollen."[72]

Die Formulierung „wehe" ist eine Drohung vor der Strafe im Jenseits. So ist das pünktliche Verrichten der Gebete zum Anfang der Zeit nicht nur eine äußerst gute Tat, die im Jenseits mit Gutem belohnt wird, sondern so ist auch das unnötige Hinauszögern der Gebete in Kombination mit Augendienerei eine äußerst schlechte Tat, vor der mit schlimmer Srafe im Jenseits gewarnt wird.

Des Weiteren sei erwähnt, dass mit dem Bewahren der Gebete auch einhergeht, dass man als Mann die Gebete nach Möglichkeit in der Moschee verrichtet.

Und Aḷḷāh ﷻ weiß es am besten.

Möge Aḷḷāh ﷻ uns ermöglichen, immer aufmerksam auf die Gebetszeiten zu achten und die Gebete am Anfang ihrer Zeiten zu verrichten; und möge Er uns mit allen Eigenschaften der Gläubigen schmücken und uns erlauben, die höchste Paradiesstufe – *Ğannat-al-Firdaws al-ʼAʿlā* – zu bewohnen, aḷḷāhumma ʼāmīn.

---

[72] Sūrah (107) al-Māʿūn, Vers 4-6.

Die Diener des Allerbarmers

وَعِبَادُ ٱلرَّحْمَٰنِ ٱلَّذِينَ يَمْشُونَ عَلَى ٱلْأَرْضِ هَوْنًا وَإِذَا خَاطَبَهُمُ ٱلْجَٰهِلُونَ قَالُوا۟ سَلَٰمًا ۝ وَٱلَّذِينَ يَبِيتُونَ لِرَبِّهِمْ سُجَّدًا وَقِيَٰمًا ۝ وَٱلَّذِينَ يَقُولُونَ رَبَّنَا ٱصْرِفْ عَنَّا عَذَابَ جَهَنَّمَ إِنَّ عَذَابَهَا كَانَ غَرَامًا ۝ إِنَّهَا سَآءَتْ مُسْتَقَرًّا وَمُقَامًا ۝ وَٱلَّذِينَ إِذَآ أَنفَقُوا۟ لَمْ يُسْرِفُوا۟ وَلَمْ يَقْتُرُوا۟ وَكَانَ بَيْنَ ذَٰلِكَ قَوَامًا ۝ وَٱلَّذِينَ لَا يَدْعُونَ مَعَ ٱللَّهِ إِلَٰهًا ءَاخَرَ وَلَا يَقْتُلُونَ ٱلنَّفْسَ ٱلَّتِي حَرَّمَ ٱللَّهُ إِلَّا بِٱلْحَقِّ وَلَا يَزْنُونَ وَمَن يَفْعَلْ ذَٰلِكَ يَلْقَ أَثَامًا ۝ يُضَٰعَفْ لَهُ ٱلْعَذَابُ يَوْمَ ٱلْقِيَٰمَةِ وَيَخْلُدْ فِيهِۦ مُهَانًا ۝ إِلَّا مَن تَابَ وَءَامَنَ وَعَمِلَ عَمَلًا صَٰلِحًا فَأُو۟لَٰٓئِكَ يُبَدِّلُ ٱللَّهُ سَيِّئَاتِهِمْ حَسَنَٰتٍ وَكَانَ ٱللَّهُ غَفُورًا رَّحِيمًا ۝ وَمَن تَابَ وَعَمِلَ صَٰلِحًا فَإِنَّهُۥ يَتُوبُ إِلَى ٱللَّهِ مَتَابًا ۝ وَٱلَّذِينَ لَا يَشْهَدُونَ ٱلزُّورَ وَإِذَا مَرُّوا۟ بِٱللَّغْوِ مَرُّوا۟ كِرَامًا ۝ وَٱلَّذِينَ إِذَا ذُكِّرُوا۟ بِـَٔايَٰتِ رَبِّهِمْ لَمْ يَخِرُّوا۟ عَلَيْهَا صُمًّا وَعُمْيَانًا ۝ وَٱلَّذِينَ يَقُولُونَ رَبَّنَا هَبْ لَنَا مِنْ أَزْوَٰجِنَا وَذُرِّيَّٰتِنَا قُرَّةَ أَعْيُنٍ وَٱجْعَلْنَا لِلْمُتَّقِينَ إِمَامًا ۝ أُو۟لَٰٓئِكَ يُجْزَوْنَ ٱلْغُرْفَةَ بِمَا صَبَرُوا۟ وَيُلَقَّوْنَ فِيهَا تَحِيَّةً وَسَلَٰمًا ۝ خَٰلِدِينَ فِيهَا حَسُنَتْ مُسْتَقَرًّا وَمُقَامًا ۝

„Die Diener des Allerbarmers sind diejenigen, die maßvoll auf der Erde umhergehen, und die, wenn die ignoranten Menschen sie ansprechen, *qālū salāmā*. (63) und diejenigen, die die Nacht damit verbringen, sich (im Gebet) vor ihrem Herrn niederzuwerfen und aufrecht zu stehen. (64) Und diejenigen, die sagen: ‚Unser Herr, wende von uns die Strafe der Hölle ab.' Ihre Strafe ist ja bedrängend; (65) gewiss, sie ist böse als Aufenthaltsort und Bleibe. (66) Und diejenigen, die, wenn sie ausgeben, weder maßlos noch knauserig sind, sondern den Mittelweg dazwischen (einhalten). (67) Und diejenigen, die neben Aḷḷāh keinen anderen Gott anrufen und nicht die Seele töten, die Aḷḷāh (zu töten) verboten hat, außer aus einem rechtmäßigen Grund; und (diejenigen,) die keine Unzucht begehen. Wer das tut, hat die Folge der Sünde zu erleiden; (68) die Strafe wird ihn am Tage der Auferstehung vervielfacht, und ewig wird er darin in Schmach bleiben, (69) außer demjenigen, der bereut, glaubt und rechtschaffene Werke tut; jenen wird Aḷḷāh ihre bösen Taten gegen gute eintauschen; und Aḷḷāh ist stets allvergebend und barmherzig. (70) Und wer bereut und rechtschaffen handelt, der wendet sich in wahrhaftiger Reue Aḷḷāh zu. (71) Und (auch) diejenigen, die keine Falschaussage bezeugen, und, wenn sie im Vorbeigehen unbedachte Rede (hören), würdevoll weitergehen. (72) Und diejenigen, die, wenn sie mit den Zeichen ihres Herrn ermahnt werden, ihnen gegenüber nicht taub und blind niederfallen. (73) und diejenigen, die sagen: ‚Unser Herr, schenke uns an unseren Gattinnen und unseren Nachkommenschaften Grund zur Freude, und mache uns für die Rechtschaffenen zu Führern.' (74) Diesen wird mit dem Obergemach vergolten werden, dass sie geduldig waren; und ihnen wird Gruß und Friede entgegengebracht (75) ewig darin zu bleiben. Schön ist es als Aufenthaltsort und Bleibe. (76)" [73]

In diesen Versen beschreibt Aḷḷāh ﷻ die Eigenschaften von jenen, denen er den Titel *„die Diener des Allerbarmers"*, auf Arabisch *ʿIbādur-Raḥmān* (عِبَادُ الرَّحْمَانِ), verleiht. Er selbst ist der Allerbarmer, ar-Raḥmān, und uns nicht einfach nur mit „Meine Diener" zu betiteln, sondern in Verbindung mit Seinem Namen ist eine gewaltige Ehre.

Diesen Titel erhält man natürlich nicht fürs Nichts-Tun, sondern man muss in Bewegung bleiben und bestimmte Taten durchführen:

---

[73] Sūrah (25) al-Furqān, Vers 63-76.

[1.] Man geht in Ruhe

Die Diener des Allerbarmers sind diejenigen,
die maßvoll auf der Erde umhergehen

Man geht ruhig, weder hochmütig noch erniedrigt. Man ist von Allāh ﷻ durch den Islam geehrt, jedoch verachtet man nicht diejenigen, die diese Gabe nicht oder nur wenig erhalten haben.

Allāh ﷻ sagt in Seinem edlen Buch: „Und gehe nicht übermütig auf der Erde einher. Du wirst ja die Erde nicht aufreißen noch die Berge an Höhe erreichen (können)."[74]

Ebenso sagte der Gesandte Allāhs ﷺ: „Wenn ihr kommt, um zu beten, kommt nicht in Eile, kommt würdevoll und geht (in Ruhe). Und was auch immer ihr (vom Gebet) erreicht, (das) betet (hinter dem 'Imām) und was auch immer ihr verpasst, (das) vervollständigt (allein)." [75]

Das richtige Maß ist demnach die goldene Mitte: Weder auf eine hochmütige noch eine erniedrigte Art und Weise zu gehen. Und Allāh ﷻ weiß es am besten.

[2.] Das richtige Verhalten gegenüber ignoranten Menschen

und die, wenn die ignoranten Menschen
sie ansprechen, *qālū salāmā*. (63)

Dieser Vers lässt sich zum einen so erklären, dass mit *qālū salāmā* gemeint ist, dass man zu ignoranten Menschen wörtlich sagt: „Salāmā," was eine höfliche Art und Weise ist zu sagen: „Lass mich in Ruhe, ich will nicht mit dir reden." Demzufolge würde der Vers dann auf Deutsch

---

[74] Sūrah (17) al-'Isrā', Vers 37.

[75] An-Nasā'iyy (861), Ḥadīṯ ṣaḥīḥ; mit ähnlichem Wortlaut in Ṣaḥīḥ Muslim (602).

übersetzt: „[...] und die, wenn die ignoranten Menschen sie ansprechen, (zu ihnen) sagen: ‚Salāmā!' (63)." lauten.

Genauso lässt sich *qālū salāmā* aber auch so erläutern, dass man mit ignoranten Menschen auf eine friedliche Art und Weise spricht. Demzufolge hieße der Vers dann: „[...] und die, wenn die ignoranten Menschen sie ansprechen, friedlich (mit ihnen) reden (63)."

Beide Erklärungen sind vollkommen korrekt und sollten beachtet werden.

Des Weiteren sagt Aḷḷāh ﷻ in Seinem edlen Buch: „Und wenn sie unbedachte Rede hören, wenden sie sich davon ab und sagen: ‚Wir haben unsere Taten und ihr habt eure Taten. Friede sei auf euch! Wir trachten nicht nach (dem Umgang mit) den Ignoranten."[76]

Demzufolge ist die richtige Art und Weise gegenüber ignoranten Menschen, dass man nicht viel Zeit mit ihnen verbringt, und wenn man mit ihnen kurz spricht, dann in einer friedlichen und höflichen Form. Ansonsten geht man ihnen aus dem Weg und lässt sie mit ihren nutzlosen Taten allein und verrichtet seine eigenen nützlichen, guten Taten. Und Aḷḷāh ﷻ weiß es am besten.

[3.] Das freiwillige Gebet in der Nacht [*Qiyāmul-Layl*]

und diejenigen, die die Nacht damit verbringen,
sich (im Gebet) vor ihrem Herrn niederzuwerfen
und aufrecht zu stehen. (64)

Die in diesem Vers beschriebene Eigenschaft bezieht sich auf das kontinuierliche Verrichten des freiwilligen Gebetes in Nacht. Aḷḷāh ﷻ sagt darüber in Seinem edlen Buch: „Nur ein wenig pflegten sie in

---

[76] Sūrah (28) al-Qaṣaṣ, Vers 55.

der Nacht zu schlafen, und im letzten Teil der Nacht pflegten sie um Vergebung zu bitten."[77]

Dieser letzte Teil der Nacht besitzt einen gewaltigen Vorzug, über den der Gesandte Aḷḷāhs ﷺ sagte: „Unser Herr, der Gepriesene und Erhabene, kommt jede Nacht bis zum (untersten) Himmel dieser Welt herab, wenn das letzte Drittel der Nacht[78] übrigbleibt, und sagt: ‚Wer bittet Mich, sodass Ich ihm antworte. Wer fragt Mich, sodass Ich ihm seine Bitte gewähre? Wer bittet Mich um Vergebung, sodass Ich ihm vergebe?'"[79]

In diesem Ḥadīṯ berichtet uns der Prophet ﷺ, dass Aḷḷāh ﷻ auf Seine majestätische Art und Weise tatsächlich in den untersten Himmel herabkommt, um die Bittgebete derjenigen zu erhören, die Ihn zu dieser Zeit bitten. Aus diesem Grund ist das freiwillige Gebet im letzten Drittel der Nacht noch mal besonders wertvoll und äußerst empfehlenswert.

Aber auch allgemein ist das freiwillige Nachtgebet sehr vorzüglich, denn Aḷḷāh ﷻ sagte darüber im Qur'ān: „Ihre Seiten weichen vor den Schlafstätten zurück; sie rufen ihren Herrn in Furcht und Begehren an und geben von dem, womit Wir sie versorgt haben, aus."[80]

Sowie: „Ist etwa einer, der sich zu (verschiedenen) Stunden der Nacht in demütiger Andacht befindet, sich niederwirft oder aufrecht steht, der sich vor dem Jenseits vorsieht und auf seines Herrn Barmherzigkeit hofft (demjenigen gleich, der dies unterlässt)? Sag: Sind etwa diejenigen

---

[77] Sūrah (51) aḏ-Ḏāriyāt, Vers 17-18.

[78] Die „Nacht" beschreibt die Zeitspanne zwischen dem Abendgebet [auf Arabisch: „Ṣalāt-al-Maġrib"; auf Türkisch: „Akşam Namazı"] und dem Morgengebet [auf Arabisch: „Ṣalāt-al-Faǧr"; auf Türkisch: „Sabah Namazı"]. Die Zeitspanne, die zwischen diesen beiden Gebeten liegt, wird gedrittelt – das kann jeder einfach individuell für seinen Ort an dem jeweiligen Tag ausrechnen. Und das letzte Drittel vor dem Morgengebet ist jenes Drittel, über das uns der Prophet Muḥammad ﷺ diesen großartigen Vorzug berichtet hat.

[79] Ṣaḥīḥ al-Buḫāriyy (1145), Ṣaḥīḥ Muslim (758), 'Abū Dāwūd (1315), at-Tirmiḏiyy (3498); Ḥadīṯ ṣaḥīḥ.

[80] Sūrah (32) as-Saǧdah, Vers 16.

gleich, die wissen, und diejenigen, die nicht wissen? Doch bedenken nur diejenigen, die Verstand besitzen.“[81]

Die Tafsīr-Gelehrten wie aš-Šayḫ as-Siʿdiyy ﷺ erklären, dass Allāh ﷻ in diesem (zweiten) Vers die Durchführung einer guten Tat über die Unterlassung einer guten Tat sowie das Wissen über die Unwissenheit erhebt, wodurch Er ﷻ zur Durchführung guter Taten sowie zum Streben nach Wissen motiviert. Gleichzeitig ist die beste Tat das Gebet und die beste Zeit für das Gebet die Nacht, wodurch die große Wertigkeit des freiwilligen Gebetes in der Nacht verstärkt wird. Aus diesem Grund ist das kontinuierliche Verrichten des freiwilligen Gebetes in der Nacht eine sehr erstrebenswerte Eigenschaft, die durch Allāhs Großzügigkeit großartige Belohnungen im Jenseits zur Folge haben wird. Und Allāh ﷻ weiß es am besten.

[4.] Das Suchen der Zuflucht bei Allāh vor der Strafe des Höllenfeuers

> Und diejenigen, die sagen: ‚Unser Herr, wende von uns
> die Strafe der Hölle ab.‘ Ihre Strafe ist ja bedrängend; (65)
> gewiss, sie ist böse als Aufenthaltsort und Bleibe. (66)

Der Gesandte Allāhs ﷺ sagte: „Wer Allāh dreimal um das Paradies bittet, so sagt das Paradies: ‚O Allāh, lasse ihn das Paradies betreten.‘ Und wer dreimal um Schutz vor dem Höllenfeuer bittet, so sagt das Höllenfeuer: ‚O Allāh, schütze ihn vor dem Höllenfeuer.‘“[82]

Ebenso sagte der Prophet ﷺ: „Kein Diener sucht siebenmal am Tag (bei Allāh) Zuflucht vor dem Höllenfeuer, außer dass das Höllenfeuer (für ihn am Jüngsten Tag Fürsprache einlegt und) sagt: ‚O mein Herr, wahrlich, Dein Diener soundso hat ja (bei Dir) vor mir Zuflucht

---

[81] Sūrah (39) az-Zumar, Vers 9.

[82] at-Tirmiḏiyy (2772), Ibn Māǧah (4484), an-Nasāʾiyy (5521), Ḥadīṯ ṣaḥīḥ.

gesucht, so gewähre sie ihm.' Und kein Diener bittet (Allāh) siebenmal am Tag um das Paradies, außer dass das Paradies (für ihn am Jüngsten Tag Fürsprache einlegt und) sagt: ‚O mein Herr, wahrlich, Dein Diener soundso bat (Dich) um mich, so lasse ihn eintreten.'" [83]

Bezüglich der Bitte um das Paradies gibt es darüber hinaus einen sehr wichtigen Hinweis des Propheten Muhammad ﷺ, dass wir nicht einfach um irgendeine Paradiesstufe bitten sollen, sondern um keine niedrigere als die allerhöchste!

Von 'Abū Hurayrah ﷺ (wird) vom Propheten ﷺ (berichtet, dass er) sagte: „Wer an Allāh und Seinen Gesandten glaubt, das Gebet verrichtet und den Ramaḍān fastet, dessen Recht gegenüber Allāh ist es, dass Er ihn das Paradies betreten lässt – ob er auf Allāhs Weg auswandert, oder im Land bleibt, in dem er geboren wurde." Die Ṣaḥābah sagten: „Oh Gesandter Allāhs ﷺ, sollen wir den Menschen nicht davon berichten?" Er ﷺ sagte: „Wahrlich, im Paradies gibt es einhundert Stufen, die Allāh für diejenigen vorbereitet hat, die sich auf Seinem Weg abmühen. Zwischen jeweils zwei Stufen ist (an Abstand) das, wie (der Abstand) zwischen Himmel und Erde. Wenn ihr also Allāh bittet, dann bittet Ihn um *al-Firdaws*. Denn wahrlich, es ist der letzte Paradiesgarten und der höchste Paradiesgarten, über ihm ist der Thron des Allerbarmers und in ihm entspringen die Flüsse des Paradieses." [84]

Deswegen sollten wir, wenn wir Allāh ﷺ um das Paradies bitten, Ihn direkt um die höchste Paradiesstufe bitten: um *Ğannatal-Firdaws al-'A'lā*. Und wahrlich, Allāh ﷺ ist *al-Muğīb*, derjenige, der die Bittgebete erhört.

All diese vielversprechenden Überlieferungen geben uns mit aller Deutlichkeit zu verstehen, wie wichtig es ist, dass wir sogar täglich bei Allāh ﷺ Zuflucht vor dem Höllenfeuer suchen und Ihn um das Paradies bitten.

---

[83] as-Silsilah aṣ-Ṣaḥīḥah (2506), Ḥadīt ṣaḥīḥ (al-Albāniyy).
[84] Ṣaḥīḥ al-Buḫāriyy (7423), at-Tirmiḏiyy (2530), Ḥadīt ṣaḥīḥ.

Möge Er uns vor dem Höllenfeuer bewahren, uns in den höchsten Paradiesgarten *al-Firdaws* eingehen lassen und uns ermöglichen, Ihn jeden Tag siebenmal genau darum zu bitten, aḷḷāhumma ʾāmīn.

[5.] Die (freiwillige) Spende

Und diejenigen, die, wenn sie ausgeben, weder maßlos noch knauserig sind, sondern den Mittelweg dazwischen (einhalten). (67)

Ebenso sagt Aḷḷāh ﷻ im Qurʾān über das richtige Maß der Spende: „Und lasse deine Hand nicht an deinem Halse gefesselt sein, strecke sie aber auch nicht vollständig aus, sonst würdest du getadelt und (aller Mittel) entblößt dasitzen."[85] Aber was lässt uns nun wissen, was dieses richtige Maß ist? Die *Tafsīr*-Gelehrten erklären, dass hiermit eine Art des Spendens gemeint ist, die die folgenden beiden Kriterien erfüllt:

- Zum einen spendet man nicht so viel, dass man durch die Spende seine Familie in Armuṭ stürzen würde. Die Familie hat ein Anrecht auf die Versorgung durch den Familienvater. Dieses Recht muss immer gewahrt bleiben.

- Und zum anderen darf man nur so viel spenden, dass die Bedürfnisse desjenigen, dem die Spende gegeben wird, nicht übersteigt. Wenn ein Milliardär einem Bettler beispielsweise einen Sportwagen geben würde, dann wäre dies maßlos.

Des Weiteren wird von Saʿd Ibn ʾAbī Waqqāṣ ﷺ berichtet, dass er sagte: „Der Gesandte Aḷḷāhs ﷺ kam zu uns, während meiner Krankheit, die sich während der Abschiedspilgerfahrt verschlimmert hatte. Ich sagte zu ihm: ,Erreicht hat mich (an Krankheit,) was du siehst. Ich habe viel Eigentum, aber keinen Erben außer meiner (einzigen) Tochter. Darf ich zwei Drittel meines Eigentums spenden?' Er sagte: ,Nein.' Ich sagte: ,Die

---

[85] Sūrah (17) al-ʾIsrāʾ, Vers 29.

Hälfte davon?' Er sagte: ,Nein.' Ich sagte ,Ein Drittel?' Er sagte: ,Ein Drittel ist viel, denn es ist besser, deine Erben reich zu hinterlassen, als sie arm zu hinterlassen, sodass sie (bei anderen) betteln. Nichts von dem, was du spendest, um Allāhs Wohlgefallen zu suchen, (bleibt unbelohnt), außer dass du dafür eine Belohnung erhältst, selbst für das, was du in den Mund deiner Frau legst.'"[86]

Außerdem wird vom Propheten ﷺ berichtet, dass er sagte: „Während ein Mann in der Wildnis war, hörte er eine Stimme in einer Wolke: ,Bewässere den Garten von Soundso.' Dann zog die Wolke (in eine Richtung) und entleerte ihr Wasser auf einem heißen (trockenen) Boden. Als dann ein Kanal das gesamte Wasser aufnahm, folgte der Mann dem Wasser. Als dann ein stehender Mann in seinem Garten das Wasser mit einer Hacke umlenkte, sagte er zu ihm: ,O Diener Allāhs, wie heißt du?' Er sagte: ,Soundso.' Diesen Namen hatte er aus der Wolke gehört. So sagte er zu ihm: ,O Diener Allāhs, warum fragst du mich nach meinem Namen?' So sagte er: ,Ich hörte eine Stimme in der Wolke, deren Wasser dies ist, und sagte: ,Bewässere den Garten von Soundso, das ist dein Name. Was machst du mit [diesem Garten], (sodass Allāh dir diese Gabe gibt)?' Er sagte: ,Nun, wie du sagst. Ich schaue, welcher Ertrag aus ihm herauskommt, so spende ich ein Drittel, ich und meine Familie essen ein (anderes) Drittel und ich gebe ein Drittel (in die Erde des Gartens) zurück."[87]

Des Weiteren motivierte uns der Prophet Muḥammad ﷺ mit den folgenden Worten dazu, möglichst täglich zu spenden: „Es beginnt kein Tag, den die Diener am Morgen empfangen, ohne dass zwei Engel (auf die Erde) herabgesandt werden, und der eine von den beiden sagt: ,O Allāh, gib dem Freigebigen Nachfolgendes [einen Ersatz seiner Spende]." Und der andere sagt: „O Allāh, gib dem Geizigen Schaden (in seinem

---

[86] Ṣaḥīḥ al-Buḫāriyy (5668), mit ähnlichem Wortlaut in Ṣaḥīḥ al-Buḫāriyy (5659), an-Nasāʾiyy (3627, 3632) und Ibn Māǧah (2708), Ḥadīṯ ṣaḥīḥ.

[87] Ṣaḥīḥ Muslim (2984), Riyāḍ uṣ-Ṣāliḥīn (562).

Vermögen und seinem Besitz)."[88] Diese Spende ist ganz allgemein und muss nicht mal ein nennenswerter Betrag sein. Es reicht schon, wenn man einen Euro in die Spendenbox der Moschee reinwirft oder einem Armen beispielsweise eine belegte Scheibe Brot reicht.

Möge Aḷḷāh ﷻ unser Vermögen so sehr vermehren, dass wir tatsächlich ein ganzes Drittel davon spenden können, ohne unsere Familien arm zu machen; und möge Er uns ermöglichen, von diesem Drittel täglich einen Teil zu spenden; aḷḷāhumma 'āmīn.

[6] Das, was Aḷḷāh ﷻ am meisten verhasst ist, zu unterlassen

Und diejenigen, die neben Aḷḷāh keinen anderen Gott anrufen und nicht die Seele töten, die Aḷḷāh (zu töten) verboten hat, außer aus einem rechtmäßigen Grund, und die keine Unzucht begehen. Wer das tut, hat die Folge der Sünde zu erleiden; (68) die Strafe wird ihn am Tage der Auferstehung vervielfacht, und ewig wird er darin in Schmach bleiben, (69)

Aḷḷāh ﷻ zählt in diesem Vers eine Reihe an Sünden auf, die sehr schwerwiegend sind: Jemanden oder etwas anderes anzubeten als Aḷḷāh [*Širk*], Mord und Unzucht [*Zina*]. Über diese drei Sünden wird berichtet, dass ein Mann zum Propheten Muḥammad ﷺ sagte: „O Gesandter Aḷḷāhs, welche Sünde ist bei Aḷḷāh die größte?" Er ﷺ sagte: „Dass du Aḷḷāh Partner beigesellst, wo er dich (doch) erschaffen hat." Der Mann frug: „Und dann?" Der Prophet ﷺ entgegnete: „Dann, dass du dein Kind (aus Angst vor mangelnder Versorgung) tötest, weil es mit dir isst." Der Mann frug: „Und dann?" Er ﷺ antwortete: „Dass du Ehebruch mit der Frau deines Nachbarn begehst." Daraufhin offenbarte Aḷḷāh als Bestätigung dafür: {Und diejenigen, die neben Aḷḷāh keinen anderen Gott anrufen und nicht die Seele töten, die Aḷḷāh (zu töten) verboten hat,

---

[88] Ṣaḥīḥ al-Buḫāriyy (1442), Ṣaḥīḥ Muslim (1010), Riyāḍ uṣ-Ṣāliḥīn (295).

außer aus einem rechtmäßigen Grund, und die keine Unzucht begehen.
Wer das tut, hat die Folge der Sünde zu erleiden.} [89]" [90]

[6.1] Das alleinige Anrufen und Anbeten Aḷḷāhs ﷻ

Die Beigesellung [*Širk*] ist die größte Sünde und wird am Jüngsten Tag
keinem Menschen vergeben. Nur wer bereits im Diesseits bereut, nur
Aḷḷāh ﷻ allein anbetet und sich Ihm als Muslim unterwirft, dem wird
diese Sünde vergeben [91]; denn Aḷḷāh ﷻ sagt im Qurʾān: „Aḷḷāh vergibt
gewiss nicht, dass man Ihm (etwas) beigesellt. Doch Er vergibt alles
andere, wem Er will. Wer Aḷḷāh (etwas) beigesellt, der hat wahrlich eine
gewaltige Sünde ersonnen." [92]

---

[89] Der obige Vers: Sūrah (25) al-Furqān, Vers 68-69.

[90] Ṣaḥīḥ al-Buhari (7532), Ṣaḥīḥ Muslim (86).

[91] Ausgenommen hiervon sind Menschen, die die Botschaft von der wahren Religion
nicht erreicht hat. Solche Menschen werden am Tag der Auferstehung auf eine
besondere Art und Weise geprüft, weil Aḷḷāh ﷻ ist der Gerechte [*al-ʿAdl*]. Über sie
sagt Aḷḷāh ﷻ in Seinem edlen Buch: „Und Wir strafen nicht, bis wir einen Gesandten
schicken." (Sūrah (17) al-ʾIsrāʾ, Vers 15.) Und vom Gesandten Aḷḷāhs ﷺ wird berichtet,
dass er sagte: „Vier (Arten von Personen) werden am Tage der Auferstehung geprüft:
Ein Tauber, der nichts hört, ein Geisteskranker, ein Greis und ein Mann, der in der
Zeit gestorben ist, in der kein Gesandter zu ihm und seinem Volk kam. Was also den
Tauben angeht, wird er (am Tag der Auferstehung) sagen: ‚Oh mein Herr, der ʾIslām
ist ja gekommen, aber ich hörte nichts.' Und was den Geisteskranken angeht, so wird
er sagen: ‚Oh mein Herr, der ʾIslām ist ja gekommen, doch die Kinder bewarfen mich
mit Mist.' Und was den Alten angeht, wird er sagen: ‚Oh mein Herr, der ʾIslām ist
ja gekommen, doch ich begriff nichts.' Und was denjenigen angeht, der in der Zeit
gestorben ist, in der kein Gesandter zu ihm und seinem Volk kam, so wird er sagen:
‚Oh mein Herr, kein Gesandter ist von Dir zu mir gekommen.' So nimmt (Aḷḷāh) ihre
Versprechen an, ihm zu gehorchen. Daraufhin schickt er sie los, um in das Höllenfeuer
hineinzugehen. Wer es also betritt, für den wird es kühl und angenehm sein (und
dieser wird daraufhin ins Paradies gelangen). Und wer es nicht betritt, wird in es
hineingezogen (und darin bestraft)." (Überliefert im Musnad von ʾImām ʾAḥmad, bei
Ibn Ḥibbān und von aš-Šayḥ al-ʾAlbāniyy in Ṣaḥīḥ al-ǧāmiʿ (881) als ṣaḥīḥ klassifiziert.)

[92] Sūrah (4) an-Nisāʾ, Vers 48.

Ebenso sagt Er in Seinem edlen Buch: „Und doch gibt es unter den Menschen manche, die außer Allāh andere als Seinesgleichen [als Götter] annehmen und ihnen dieselbe Liebe schenken wie Allāh. Aber die Gläubigen sind stärker in ihrer Liebe zu Allāh. Und wenn doch **diejenigen, die Unrecht tun**, wenn sie die Strafe sehen, erkennen würden, dass alle Stärke Allāh gehört und dass Allāh streng im Strafen ist."[93]

Welches Unrecht ist größer als das Unrecht gegenüber Allāh ﷻ? Er hat das größte Anrecht auf Seinen Diener; und wenn dieser Ihm Sein Recht angebetet zu werden nicht gibt, so wird Er ihm nicht vergeben und ihn im Jenseits streng bestrafen.

Genauso darf ein Gläubiger nichts und niemanden genauso oder sogar mehr lieben als Allāh ﷻ. Diese Liebe bezieht sich besonders auf die Befolgung und die Gehorsamkeit. Wenn Allāh ﷻ einem vorschreibt, dass man beten soll, man das Gebet aber unterlässt, weil man beispielsweise will, dass der Arbeitgeber mit einem zufrieden ist, dann ist die Liebe von einem zum Arbeitgeber größer als die Liebe zu Allāh ﷻ; und das ist etwas äußerst Schlimmes. Und dasselbe gilt genauso auch für jede andere Art der Unterlassung einer Pflicht oder der Durchführung einer Sünde, weil es die Eltern, die Kinder, der Ehepartner, der Arbeitgeber, die Gesellschaft oder wer auch immer von einem verlangen. Man muss Allāh ﷻ von allem am allermeisten lieben und beflügelt von dieser Liebe sollten sich jeder von Seinen Geboten und Verboten leiten lassen, ganz egal was die Menschen dazu sagen oder darüber denken. Und Allāh ﷻ weiß es am besten.

Möge Allāh ﷻ unsere Herzen mit der größten Liebe einzig und allein für Ihn füllen und jede andere Liebe mit der Liebe zu Ihm verknüpfen; und möge Er uns als praktizierende Muslime leben und sterben lassen, auf dass wir ohne die Sünde des *Širk* zu Ihm zurückkehren; allāhumma 'āmīn.

---

[93] Sūrah (2) al-Baqarah, Vers 165.

[6.2] Das Unterlassen der Sünde des Mordes

Das Ermorden eines Menschen ist eine von den größten Sünden überhaupt. Darüber sagt Allāh ﷻ im Qurʾān: „Aus diesem Grunde haben Wir den Kinders Israels vorgeschrieben: Wer ein menschliches Wesen tötet, ohne (dass es) einen Mord (begangen) oder auf der Erde Unheil gestiftet (hat), so ist es so, als ob er alle Menschen getötet hätte. Und wer es am Leben erhält, so ist es so, als ob er alle Menschen am Leben erhält, [...].“[94]

Mord ist eine sehr schlimme Sünde; und von den verschiedenen Formen des Mordes wiederum ist es eine von den schlimmsten Formen, dass man seine neugeborenen Kinder tötet, weil man Angst davor hat, dass sie einen das ganze Vermögen kosten und in Armut stürzen. Darüber sagt Allāh ﷻ in Seinem edlen Buch: „Und tötet nicht eure Kinder aus Angst vor Verarmung! Wir versorgen sie und auch euch. Wahrlich, sie zu töten ist ein großes Vergehen!“[95]

Man könnte meinen, dass diese Praxis in der heutigen Welt nicht mehr vorhanden wäre, jedoch gibt es eine Methodik, die genau das zulässt, ohne einen augenscheinlichen Mord zu begehen: Die Abtreibung[96]. Wer ein Kind abtreibt, weil man Angst davor hat, dass dessen Versorgung die

---

[94] Sūrah (5) al-Māʾidah, Vers 32.

[95] Sūrah (17) al-ʾIsrāʾ, Vers 31.

[96] Das ungeborene Kind wird nach 120 Tagen, ab dem 4. Schwangerschaftsmonat, beseelt (Ṣaḥīḥ al-Buḫāriyy (3208)). Je nach Überlieferung ist – wie die Gelehrten wie aš-Šayḫ ʿUṯmān al-Ḥamīs erklären – der Moment der Beseelung jedoch bereits nach 42 Tagen. Der Zeitpunkt der Beseelung des ungeborenen Kindes ist eine sehr wichtige Grenze. Sobald diese Grenze überschritten wurde, ist die Abtreibung nach Konsens der Gelehrten eines Mordes gleich und mit Gewissheit verboten. Aber solange diese Grenze noch nicht erreicht wurde, gibt es verschiedene Meinungen unter den Gelehrten: Die einen sagen, dass es erlaubt, und die anderen sagen, dass es verboten ist. Und Allāh ﷻ weiß es am besten. Wichtig ist an dieser Stelle zu erwähnen, dass es sich hierbei um ein allgemeines Urteil handelt. Wenn ein extremer Härtefall vorliegt wie bei schweren Krankheiten oder einer Gefährdung für Leib und Leben sowohl der Mutter als auch des Kindes, dann sollte man einen Gelehrten kontaktieren, der einem für seine spezifische Situation eine maßgeschneiderte Fatwa geben kann.

Familie arm machen könnte, hat genau diese Sünde begangen – ganz unabhängig vom Zeitpunkt der Abtreibung. Und Allāh ﷻ weiß es am besten.

Wenn jemand sein Kind tötet, weil er Angst davor hat, dass er aufgrund der erhöhten Ausgaben für das Kind verarmt, so hat er zwei üble Dinge gemacht.

Zum einen hat er eine Menschenseele zu Unrecht getötet, und dieses wiegt wie im eben erwähnten Vers geschildert wurde so schwer, als hätte man die gesamte Menschheit getötet.

Und zum anderen glaubt man nicht vollständig an Allāh ﷻ, der „*ar-Razzāq*" [der Versorger] ist. Allāh ﷻ versorgt jedes Seiner Geschöpfe und niemand braucht Angst davor zu haben, dass er seine Versorgung nicht erhalten würde. Der Prophet ﷺ sagte: „Wenn ihr auf Allāh vertrauen würdet – im wahren Vertrauen auf ihn – so versorgt Er euch wie Er den Vogel versorgt: Er fliegt morgens hungrig los und kehrt abends gesättigt zurück."[97]

Möge Allāh ﷻ uns volles Vertrauen auf Ihn und Seine Versorgung verleihen und uns daran hindern, jemals eine einzige Menschenseele zu ermorden; allāhumma 'āmīn.

[6.3] Das Unterlassen der Unzucht/des Ehebruchs

Haftungsausschluss:

Im Folgenden werden wir Koran-Verse erwähnen, die die islamische Perspektive in Bezug auf eine offiziell religiös geprägte Gesetzgebung darstellen. In keinster Weise ist dies ein Aufruf dazu, Selbstjustiz an anderen Menschen durchzuführen und Taten auszuüben, die nach dem hiesigen

---

[97] Ibn Māğah (4164), Aḥmad (205), Ḥadīṯ ḥasan.

**Strafgesetzbuch als Straftaten bewertet werden, oder
eine andere als die hiesige Gesetzgebung einzuführen.**

Unzucht, also vorehelicher Beischlaf, ist eine schwere Sünde, über die Allāh ﷻ im Qur'ān sagt: „Eine (unverheiratete) Frau und einen (unverheirateten) Mann, die Unzucht begehen, geißelt jeden von ihnen mit hundert hieben. [...]"[98]

Noch schlimmer als Unzucht ist jedoch der Ehebruch, über den Allāh ﷻ in Seinem edlen Buch sagt: „Und diejenigen von euren Frauen, die das Abscheuliche begehen – bringt vier Zeugen von euch gegen sie. Wenn sie (es) bezeugen, dann haltet sie im Haus fest, bis der Tod sie abberuft oder Allāh ﷻ ihnen einen (Aus-)Weg schafft."[99]

Und eine noch schlimmere Sünde als der allgemeine Ehebruch ist der spezielle Ehebruch mit der Ehefrau seines Nachbarn. Der Gesandte Allāhs ﷺ sagte diesbezüglich zu seinen Gefährten: „Was sagt ihr über die *Zinā* [die Unzucht bzw. den Ehebruch]?" Sie sagten: „Allāh und Sein Gesandter haben sie verboten. So ist sie verboten bis zum Tag der Auferstehung." So sagte der Gesandte Allāhs ﷺ zu seinen Gefährten: „Dass ein Mann *Zinā* mit zehn Frauen begeht, ist besser für ihn, als *Zinā* mit der Frau seines Nachbarn zu begehen." So sagte der Gesandte Allāhs ﷺ: „Was sagt ihr über das Ausrauben?" Sie sagten: „Allāh und Sein Gesandter haben es verboten, so ist es verboten." Er sagte: „Dass ein Mann zehn Häuser ausraubt, ist für ihn besser, als das Ausrauben seines Nachbarn."[100]

Die Unzucht ist grundsätzlich eine sehr große Sünde. Und noch größer als die Unzucht ist der Ehebruch. Und der Ehebruch mit seiner Nachbarin ist zehnmal schlimmer als der Ehebruch mit einer anderen Frau. So sollte der Gläubige sich ganz besonders vor dieser schlimmsten

---

[98] Sūrah (24) an-Nūr, Vers 2.

[99] Sūrah (4) an-Nisāʾ, Vers 15.

[100] as-Silsilah aṣ-Ṣaḥīḥah (1/136), Ḥadīṯ ṣaḥīḥ (al-Albānī); mit Wortlaut aus Aḥmad (23854); und weitere: al-Bazzār (2115), aṭ-Ṭabarānī (20/257).

Art des Ehebruchs schützen, über die Aḷḷāh ﷻ in den Versen bezüglich der Eigenschaften der *Diener des Allerbarmers* gesprochen hat, aber genauso auch vor jeder anderen Art der Unzucht.

Eine tiefergehende Auseinandersetzung mit dem Hüten der Scham wurde bereits im gleichnamigen Kapitel ab Seite 33 dargelegt. Bei Interesse kannst du gerne dorthin zurückblättern und dessen Inhalte noch mal verinnerlichen.

Möge Aḷḷāh ﷻ uns davor bewahren, jemals Unzucht oder Ehebruch zu begehen, und möge Er denjenigen von uns verzeihen, die dies bereits in der Zeit der Unwissenheit begangen haben; aḷḷāhumma ʾāmīn.

[7.] **Die aufrichtige Reue** „*at-Tawbah an-Naṣūḥah*"

> außer demjenigen, der bereut, glaubt und rechtschaffene
> Werke tut; jenen wird Aḷḷāh ihre bösen Taten gegen
> gute eintauschen; und Aḷḷāh ist stets allvergebend und
> barmherzig. (70) Und wer bereut und rechtschaffen handelt,
> der wendet sich in wahrhaftiger Reue Aḷḷāh zu. (71)

Aḷḷāh ﷻ sagt im Qurʾān: „Oh ihr, diejenigen die glauben, kehrt reumütig zu Aḷḷāh mit einer aufrichtigen Reue zurück! Vielleicht bedeckt euer Herr euch eure Sünden und lässt euch in Paradiesgärten eingehen, unter denen Bäche fließen. [...]"[101]

Und: „Er ist derjenige, Der die Reue Seiner Diener annimmt und die Sünden verzeiht; und Er weiß, was sie tun."[102]

Sowie: „[...] außer denjenigen die bereuen, (sich) verbessern und rein machen. Ihre Reue nehme Ich an; Ich bin ja der Reue-Annehmende und der Barmherzige."[103]

---

[101] Sūrah (66) at-Taḥrīm, Vers 8.

[102] Sūrah (42) aš-Šūrā, Vers 25.

[103] Sūrah (2) al-Baqarah, Vers 160.

Des Weiteren wird vom Propheten ﷺ berichtet, dass er sagte: „Vom Volk Israels gab es einen Mann, der neunundneunzig Menschen tötete. Daraufhin ging er raus und fragte, (ob seine Reue angenommen wird oder nicht). So kam er zu einem Mönch und fragte ihn, (indem) er sagte: ‚Gibt es (für mich nach all diesen schweren Sünden) eine Reue?‘ Er sagte: ‚Nein.‘ So tötete er ihn (auch). Er frug weiter: (‚Gibt es für mich nach all diesen schweren Sünden eine Reue?‘), so sagte ihm ein Mann: ‚Geh zu dem Dorf soundso, (da leben rechtschaffene Menschen!‘ So ging er, um zu diesem Dorf zu gelangen) und es erreichte ihn der Tod. (Während er starb) drehte er seine Brust in die Richtung des Dorfes, (wo er hingehen wollte). So kamen die Engel der Barmherzigkeit und die Engel der Strafe. Da gab Aḷḷāh dem Dorf (wo er hingehen wollte) den Befehl, näher zu kommen, und dem Dorf (wo er hergekommen ist) den Befehl, sich zu entfernen. Er sagte: ‚Misst die Abstände zwischen ihm und den beiden Dörfern. (Da wurde gemessen, dass) er eine Spanne näher zu dem Dorf lag (wo er hingehen wollte), so verzieh Er ihm.“ [104]

Aus diesen Texten wird entnommen, dass die aufrichtige Reue damit verbunden ist, ein Gefühl der Schuld im Herzen zu verspüren, Aḷḷāh um Verzeihung zu bitten, sich zu verbessern und sich vorzunehmen, nicht mehr zur Sünde zurückzukehren. Demjenigen, der dies macht, werden, wie im Vers erwähnt, seine schlechten Taten nicht einfach nur vergeben, sondern sogar in gute Taten umgewandelt!

Darüber hinaus wird vom Propheten ﷺ berichtet, dass er über seinen Herren, geehrt und majestätisch ist Er, berichtete, dass er sagte: „Ein Diener (Aḷḷāhs) beging eine Sünde, so sagt er: ‚Oh Aḷḷāh, vergib mir meine Sünde!‘ So sagt Er, gesegnet und hoch erhaben ist Er: ‚Mein Diener beging eine Sünde, so weiß er, dass er einen Herrn hat, Der die Sünden vergibt und (ihn) wegen dieser abrechnet, (so habe Ich ihm vergeben).‘ Daraufhin sündigt er (erneut), so sagt er: ‚Oh mein Herr, verzeih mir meine Sünde!‘ So sagt Er, gesegnet und hoch erhaben ist Er: ‚Mein Diener beging eine Sünde, so weiß er, dass er einen Herrn hat, Der

---

[104] Ṣaḥīḥ al-Buḫāriyy (3470), Ṣaḥīḥ Muslim (2766), Ibn Māǧah (2622), Ḥadīṯ ṣaḥīḥ.

die Sünden vergibt und (ihn) wegen dieser abrechnet (so habe Ich ihm vergeben).' Daraufhin sündigt er (erneut), so sagt er: ‚Oh mein Herr, verzeih mir meine Sünde!' So sagt Er, gesegnet und hoch erhaben ist Er: ‚Mein Diener beging eine Sünde, so weiß er, dass er einen Herrn hat, Der die Sünden vergibt und (ihn) wegen dieser abrechnet (so habe Ich ihm vergeben), und tue, was du willst!'" (Der Überlieferer) ʿAbd-ul-ʾAʿlā ﷺ sagte: „Ich weiß nicht, ob er drei- oder viermal sagte ‚tue was du willst.'"[105]

Selbst wenn man bereut und daraufhin doch wieder zur Sünde zurückkehrt, daraufhin wieder bereut, erneut zur Sünde zurückkehrt und erneut bereut... ... ... egal wie oft der Diener Allāhs sündigt und zu Allāh ﷺ aufrichtig zurückkehrt, so steht ihm die Türe der Reue immer offen und Allāh vergibt ihm seine Sünden.

Allāh ﷺ sagt in Seinem edlen Buch: „Sprich: Oh Meine Diener, die ihr gegen euch selbst maßlos gewesen seid, verliert nicht die Hoffnung auf Allāhs Barmherzigkeit. Denn wahrlich, Allāh vergibt alle Sünden; Er ist ja der Vergebende, der Barmherzige!"[106]

Möge Er ﷺ uns immer ermöglichen, unsere Sünden aufrichtig zu bereuen; möge Er all unsere Sünden verzeihen, sie in gute Taten umwandeln und möge Er uns sündenfrei am Tage der Auferstehung vor Ihm stehen lassen; allāhumma ʾāmīn.

[8.] Das Unterlassen der falschen Bezeugungen und der unbedachten Rede

Und (auch) diejenigen, die keine Falschaussage
bezeugen und, wenn sie im Vorbeigehen unbedachte
Rede (hören), würdevoll weitergehen. (72)

[105] Ṣaḥīḥ Muslim (2758).
[106] Sūrah (39) az-Zumar, Vers 53.

Bezüglich dessen, dass man keine Falschaussage tätigen sollte, berichtet der Ṣaḥābī 'Anas Ibn Mālik ﷺ: „Der Gesandte Allāhs ﷺ erwähnte die großen Sünden, oder wurde über die großen Sünden befragt, so sagte er: ‚Die Beigesellung Allāhs, das Töten einer Seele (und) die Lieblosigkeit gegenüber den Eltern.‘ So sagte er: ‚Soll ich euch nicht die größte von den großen Sünden nennen?‘ Er sagte: ‚Diese ist die lügenhafte Aussage,‘ oder er sagte: ‚Das falsche Zeugnis!‘“ Šuʿbah, einer der Überlieferer, sagte: „Am meisten denke ich, dass er sagte: ‚Das falsche Zeugnis.‘“ [107]

Des Weiteren sagte der Gesandte Allāhs ﷺ über das Lügen: „Ich garantiere ein Haus im äußeren Paradies für denjenigen, der das Streiten unterlässt, selbst wenn er im Recht ist; und ein Haus in der Mitte des Paradieses für denjenigen, der das Lügen unterlässt, selbst wenn es nur aus Spaß ist; und ein Haus im höchsten Paradies für denjenigen, der seinen Charakter verbessert.“ [108]

Ein falsches Zeugnis in einer Rechtsfrage oder eine Lüge im Allgemeinen sollte jeder Muslim immer unterlassen; sogar dann, wenn es nur aus Spaß ist, und auch dann, wenn die Wahrheit gegen einen selbst ist.

Und bezüglich des Meidens von *unbedachter Rede* sei angemerkt, dass diese Bezeichnung zum einen Gespräche betitelt, die keinen Nutzen beinhalten, sowie zum anderen auch nutzlose Handlungen wie das Spielen oder das Hören von Musik [109]. Dieses Thema wurde bereits im gleichnamigen Kapitel auf Seite 29 behandelt und wenn du

---

[107] Ṣaḥīḥ al-Buḫāriyy (5977), Ṣaḥīḥ Muslim (88).

[108] 'Abū Dāwūd (4800), Saḥīḥ at-Targīb (2648), Ḥadīṯ ḥasan (al-Albānī); Taḥqīq Riyāḍ uṣ-Ṣāliḥīn (264), Madāriǧ us-Sālikīn (3/72), Ḥadīṯ ṣaḥīḥ.

[109] Bezüglich der Musik ist es wichtig anzumerken, dass dieser Vers als Beweis angeführt wird, weshalb das Hören von Musik nicht nur unerwünscht, sondern sogar verboten ist. Unter den Gelehrten gibt es fast einen Konsens darüber, dass Musik verboten [ḥarām] ist. Der Einzige, der sie erlaubt hat, war Ibn Ḥazm al-'Andalusiyy ﷺ, der fälschlicherweise eine Überlieferung aus Ṣaḥīḥ al-Buḫāriyy als schwach [ḍaʿīf] eingestuft hat – das war sein Fehler, weshalb man ihm nicht in dieser Meinung folgen darf. Der Gelehrte Ibn al-Qayyim ﷺ hat über 100 Beweise aus den Quelltexten angeführt, die Musik verbieten.

magst, kannst du gerne dorthin zurückblättern und dessen Inhalte noch mal verinnerlichen.

Möge Allāh ﷻ uns sowohl vor Falschaussagen und Lügen als auch vor *unbedachter Rede* im umfassenderen Sinne bewahren, allāhumma 'āmīn.

[9.] Sich durch die Zeichen Allāhs ﷻ ermahnen lassen

**Und diejenigen, die, wenn sie mit den Zeichen
ihres Herrn ermahnt werden, ihnen gegenüber
nicht taub und blind niederfallen. (73)**

Allāh ﷻ verbindet das sich Ermahnen lassen durch Seine Zeichen mit dem Glauben *['Īmān]*, indem Er sagte: „Die (wahren) Gläubigen sind diejenigen, deren Herzen aus Ehrfurcht beben, wenn Allāhs gedacht wird, und diejenigen, wenn ihnen Seine Zeichen verlesen werden, es ihren Glauben mehrt, und die sich auf ihren Herrn verlassen."[110]

Der wahre Gläubige ist derjenige, der sich durch die Worte seines Herrn ermahnen lässt. Er denkt über die Verse nach und handelt entsprechend ihrer Botschaften oder Anweisungen – mit dem Herzen, dem Körper und auch mit der Zunge.

So sagt Allāh ﷻ im Qur'ān: „Wenn eine Sūrah (als Offenbarung) herabgesandt wird, dann gibt es unter ihnen manche, die sagen: ‚Wem von euch hat dies(e Sūrah) seinen Glauben vermehrt?' Was nun diejenigen angeht, die glauben, so hat sie ihren Glauben vermehrt, und sie freuen sich über die frohe Botschaft. Was aber diejenigen angeht, in deren Herzen Krankheit ist, so fügt sie ihrem Greul noch (weiteren) Greul hinzu, und sie sterben als Ungläubige."[111]

Das größte Zeichen Allāhs ﷻ ist der Qur'ān. Und jede einzelne Sūrah des Qur'āns ist bestückt mit einer Vielzahl großartiger Wunder.

---

[110] Sūrah (8) al-'Anfāl, Vers 2.

[111] Sūrah (9) at-Tawbah, Vers 124-125.

Aus diesem Grund spricht man im Arabischen auch nicht von Versen *[Bayt]*, sondern von Wundern *['Āyah]*. So sollte sich jeder Muslim häufig mit dem Qur'ān auseinandersetzen; hiermit werden wir uns noch ausführlicher im Kapitel „Der Vorzug der Rezitation des Qur'āns" auf Seite 97 befassen. Wenn du dich gerne bereits an dieser Stelle intensiver damit befassen möchtest, kannst du gerne dorthin schon einmal vorgreifen.

Des Weiteren zählt die gesamte Schöpfung zu den Wundern und Zeichen Allāhs ﷻ. Über sie spricht Er an zahlreichen Stellen im Qur'ān und hebt sie in ihrer Bedeutung als Wunder hervor. Deswegen gilt es auch als eine Form der Anbetung, wenn man über die Schöpfung Allāhs ﷻ nachdenkt. So sagt Er: „Wahrlich, in der Schöpfung der Himmel und der Erde; im Unterschied zwischen Nacht und Tag; in den Schiffen, die das Meer befahren mit dem, was den Menschen nützt; (und darin,) dass Allāh Wasser vom Himmel herabsendet und damit dann die Erde nach ihrem Tod wiederbelebt und auf ihr allerlei Tiere sich ausbreiten lässt; und im Wechsel der Winde und der Wolken, die zwischen Himmel und Erde dienstbar gemacht sind, liegen wahrlich Zeichen für Leute, die begreifen."[112]

Sowie: „Wahrlich, in der Schöpfung der Himmel und der Erde und im Unterschied von Nacht und Tag liegen Zeichen für diejenigen, die Verstand besitzen."[113]

Allāh ﷻ hat Seine Schöpfung auf eine so großartige, atemberaubende und umwerfende Art und Weise erschaffen, dass sich jeder, der über sie nachdenkt und bei Verstand ist, erkennt, dass diese Welt nicht durch einen Zufall entstanden ist. Sondern vielmehr hat Allāh ﷻ sie aus einem

---

[112] Sūrah (2) al-Baqarah, Vers 164.

[113] Sūrah (3) 'Āli 'Imrān, Vers 190. Es gehört zur Sunnah des Propheten Muḥammad ﷺ, dass er diesen Vers sowie den Rest der Sūrah – also Vers 190 bis 200 – im letzten Drittel der Nacht rezitierte, während er in den Himmel schaute. (Ṣaḥīḥ al-Buḫāriyy 4569, 6215; Ṣaḥīḥ Muslim 763; 'Abū Dāwūd 58; an-Nasā'iyy 1705; Ḥadīṯ ṣaḥīḥ.)

ganz bestimmten Grund erschaffen: Damit wir an Ihn glauben und Ihm dienen[114].

Möge Er unsere Herzen durch Seine Schöpfung ermahnen lassen, sogar wenn es das Fallen der Blätter[115] im Herbst ist; möge Er uns über sie sowie über ihren und unseren Erschaffungsgrund nachdenken lassen und dadurch unseren Glauben vermehren sowie uns zu mehr rechtschaffenen Taten bewegen; allāhumma ʾāmīn.

[10.] Bitte um eine gute Familie und Führungspositionen in der muslimischen Gemeinschaft

und diejenigen, die sagen: ‚Unser Herr, schenke
uns an unseren Gattinnen und unseren
Nachkommenschaften Grund zur Freude, und mache
uns für die Rechtschaffenen zu Führern.‘ (74)

Die letzte Eigenschaft der Diener des Allerbarmers ist, dass sie Allāh ﷻ darum bitten, ihre Familie zu einer Freude für sie zu machen – aber nicht einfach nur zu einer Freude im weltlichen Sinne, sondern dass man sich daran erfreut, sie in Ergebung und Hingabe zu Allāh ﷻ zu sehen.

Ohne die Bittgebete gering zu achten, denn wahrlich, jede Veränderung kommt nur durch die Erlaubnis Allāhs, ist es aber auch wichtig zu verstehen, dass noch mehr dazu gehört: Angefangen bei der richtigen Partnerwahl bis hin zur Erziehung aller Familienmitglieder – auch von sich selbst. Man muss Zeit und Anstrengung in die Familie investieren, damit sie sich zu einer wundervollen Familie entwickelt.

Wenn zuhause Frieden herrscht und man ein relativ problemfreies Familienleben führt, so ist man in der Lage, seine Zeit und seine

---

[114] Sūrah (21) al-ʾAnbiyāʾ, Vers 16; Sūrah (23) al-Muʾminūn, Vers 115; Sūrah (44) ad-Duḫān, Vers 38; Sūrah (51) aḏ-Ḏāriyāt, Vers 56.

[115] Sūrah (6) al-ʾAnʿām, Vers 59.

Energie auf Allāhs ﷻ Weg im Guten einzusetzen und den 'Islām nach vorne zu bringen. Und wie könnte man dies besser als durch eine Führungsposition in der muslimischen Gemeinschaft? Man steigt in die Fußstapfen des Propheten ﷺ, der die Menschen durch den Qur'ān und durch die Erlaubnis ihres Herrn aus den Finsternissen ins Licht führte, auf den Weg des Allmächtigen und Lobeswürdigen.[116] So haben Führungspositionen als Lehrer, als 'Imām, als Vorstandmitglied etc. zwar große Verantwortungen, denen man gerecht werden muss, aber sie sind auch mit großartigen Belohnungen verbunden.

Möge Allāh ﷻ uns genau dies geben: Rechtschaffene Familien und Ruhe und Frieden in unseren Häusern und Wohnungen, damit wir durch Seine Hilfe Führungspositionen in der muslimischen Gemeinschaft ausgiebig und gewissenhaft ausüben sowie uns auf Seinem Weg abmühen können; allāhumma 'āmīn.

Der Lohn

> Diesen wird mit dem Obergemach vergolten werden,
> dass sie geduldig waren; und ihnen wird Gruß und
> Friede entgegengebracht (75) ewig darin zu bleiben.
> Schön ist es als Aufenthaltsort und Bleibe. (76)

Diejenigen, die all diese Eigenschaften tragen, werden ihre Wohnstätte im hohen und angesehenen Paradiesgarten haben. Wahrlich, die hohen Paradiesstufen sind besser als die niedrigen Paradiesstufen. Und die Beschreibung des Paradieses ist atemberaubend, wie wir sie beispielsweise am Ende von Sūrah (44) ad-Duḫān, in Sūrah (55) ar-Raḥmān, in Sūrah (56) al-Wāqiʿah und Sūrah (76) al-'Insān im Detail nachlesen können. Aber allein die Erwähnung der folgenden Aussage Allāhs ﷻ **lässt, wenn man mal genauer darüber nachdenkt, das Herz** jedes

---

[116] Sūrah (14) 'Ibrāhīm, Vers 1.

Muslims höherschlagen: „Allāh versprach den gläubigen Männern und den gläubigen Frauen Gärten, (die) von Bächen durcheilt (werden, um) ewig darin zu bleiben, und gute Wohnstätte in den Gärten Edens. Und die Zufriedenheit Allāhs ist (aber noch) größer! Jenes ist der gewaltige Erfolg!"[117]

Außerdem berichtet uns der Gesandte Allāhs ﷺ über unseren Herrn: „Allāh sagte: ‚Ich habe für Meine rechtschaffenen Diener das vorbereitet, was kein Auge gesehen und kein Ohr gehört hat sowie niemals als Herzenswunsch in die Vorstellung eines Menschen gekommen ist." Lest, wenn ihr wollt: „{Keine Seele weiß, welche Freuden für sie im Verborgenen bereitgehalten werden[118] [...]}."[119]

Möge Allāh ﷺ uns mit diesen wunderbaren Eigenschaften schmücken und uns durch Seine Barmherzigkeit in die höchsten Stufen des Paradieses eingehen lassen, allāhumma 'āmīn.

---

[117] Sūrah (9) at-Tawbah, Vers 72.

[118] Sūrah (32) as-Saǧdah, Vers 17.

[119] Ṣaḥīḥ al-Buḫāriyy (3244), Ṣaḥīḥ Muslim (2824), at-Tirmiḏiyy (3197), Ibn Māǧah (4328), Ḥadīṯ ṣaḥīḥ.

EIN GROSSARTIGER LOHN UND
DIE VERGEBUNG ALLĀHS

﴿إِنَّ ٱلْمُسْلِمِينَ وَٱلْمُسْلِمَٰتِ وَٱلْمُؤْمِنِينَ وَٱلْمُؤْمِنَٰتِ وَٱلْقَٰنِتِينَ وَٱلْقَٰنِتَٰتِ وَٱلصَّٰدِقِينَ وَٱلصَّٰدِقَٰتِ وَٱلصَّٰبِرِينَ وَٱلصَّٰبِرَٰتِ وَٱلْخَٰشِعِينَ وَٱلْخَٰشِعَٰتِ وَٱلْمُتَصَدِّقِينَ وَٱلْمُتَصَدِّقَٰتِ وَٱلصَّٰئِمِينَ وَٱلصَّٰئِمَٰتِ وَٱلْحَٰفِظِينَ فُرُوجَهُمْ وَٱلْحَٰفِظَٰتِ وَٱلذَّٰكِرِينَ ٱللَّهَ كَثِيرًا وَٱلذَّٰكِرَٰتِ أَعَدَّ ٱللَّهُ لَهُم مَّغْفِرَةً وَأَجْرًا عَظِيمًا ﴿٣٥﴾

„Gewiss, muslimische Männer und muslimische Frauen, gläubige Männer und gläubige Frauen, ergebene Männer und ergebene Frauen, wahrhaftige Männer und wahrhaftige Frauen, geduldige Männer und geduldige Frauen, demütige Männer und demütige Frauen, spendende Männer und spendende Frauen, fastende Männer und fastende Frauen, Männer, die ihre Scham hüten, und Frauen, die (ihre Scham) hüten, und Allāhs viel gedenkende Männer und (Allāhs) viel gedenkende Frauen; für sie hat Allāh Vergebung und einen gewaltigen Lohn bereitet." [120]

---

[120] Sūrah (33) al-ʾAḥzāb, Vers 35.

[1.] Die Überlieferung von Ǧibrīl 🕊

ʿUmar ibn ul-Ḥaṭṭāb 🕊 berichtete (von einem Ereignis, indem er) sagte: „Wir waren an jenem Tage mit dem Gesandten Allāhs 🕊 (zusammen,) als ein Mann erschien, der ein klares weißes Gewand trug und sein Haar war außerordentlich schwarz. Man sah an ihm keine Spuren der Reise und niemand von uns kannte ihn. Als er sich zum Propheten 🕊 setzte, sodass seine Knie die seinen (Knie) berührten, legte er seine Handflächen auf seine Schenkel und sagte: ‚O Muḥammad, berichte mir vom *Islām*.‘ So sagte der Gesandte Allāhs 🕊: ‚Islam ist, dass du bezeugst, dass es keinen anbetungswürdigen Gott gibt, außer Allāh, und dass Muḥammad Sein Gesandter ist. Und dass du das Gebet verrichtest und die Pflichtabgabe entrichtest, dass du den Monat Ramaḍān fastest und dass du die Pilgerfahrt zum Hause (Allāhs) durchführst, wenn du die finanziellen Mittel für den Weg [die Reise dahin] besitzt.‘ Der Mann sagte: ‚Du hast die Wahrheit gesprochen.‘“ ʿUmar ibn ul-Ḥaṭṭāb 🕊 kommentiert: „Es hat uns überrascht, dass er ihn gefragt und daraufhin bestätigt hatte. So sagte der Mann (weiter): ‚So berichte mir vom *Imān*.‘ Der Prophet 🕊 antwortete: ‚Dass du an Allāh glaubst, Seine Engel, Seine Bücher, Seine Gesandten und an den Jüngsten Tag. Und dass du an die Vorherbestimmung glaubst – im Guten und im Schlechten.‘ Der Mann entgegnete: ‚Du hast die Wahrheit gesprochen. [...] So berichte mir vom *Iḥsān*.‘ (Der Prophet 🕊 antwortete:) ‚Dass du Allāh anbetest als würdest du Ihn sehen. Auch wenn du Ihn nicht sehen kannst, so sieht Er dich (doch) gewiss!‘ Der Mann sagte: ‚So berichte mir von der Stunde [dem Jüngsten Tag].‘ Der Prophet 🕊 entgegnete: ‚Der Gefragte hat über sie nicht mehr Wissen als der Fragende.‘ Der Mann sagte: ‚So berichte mir von ihren Zeichen.‘ (Der Prophet 🕊 antwortete:) ‚Dass eine Dienerin ihre Herrin gebährt, und du die barfüßigen und mittellosen Hirten im Bauen hoher Gebäude wetteifern siehst.‘ ʿUmar ibn ul-Ḥaṭṭāb 🕊 erzählt weiter: ‚So ging der Mann seines Weges und ich blieb bei dem Propheten 🕊. Daraufhin frug er mich: ‚O ʿUmar, weißt du wer der Fragende war?‘

Ich sagte: ‚Allāh und Sein Gesandter wissen es am besten.‘ Er sagte: ‚Wahrlich, er war Ǧibrīl, der euch eure Religion beibringen wollte.‘“[121]

[1.1] Der Muslim

Gewiss, muslimische Männer und muslimische Frauen,

Ein Muslim ist derjenige, der die fünf Säulen des ’Islāms praktiziert:

- *aš-Šahādah* [das Glaubensbekenntnis]
- *aṣ-Ṣalāh* [das fünfmalige tägliche Gebet]
- *az-Zakāh* [die Pflichtabgabe]
- *aṣ-Ṣiyām* [das Fasten im Monat Ramaḍān]
- *al-Ḥaǧǧ* [die Pilgerfahrt nach Makkah]

Der Muslim bestätigt die fünf Säulen nicht ausschließlich mit seiner Zunge, sondern setzt sie so in seinem Leben um, wie es Allāh ﷻ von ihm gemäß seinen Möglichkeiten erwartet[122]. Sogar die Šahādah ist nicht einfach nur eine Aussage, sondern darüber hinaus auch eine Tat des Herzens und sie äußert sich in den Taten des Körpers. Doch bevor wir diese fünf Säulen praktizieren können, müssen wir sie lernen und uns Wissen über sie aneignen, wie ’Imām al-Buḫārī ﷺ in seinem Ṣaḥīḥ-Werk schrieb: „Das Wissen (kommt) vor der Aussage und (vor) der Tat.“

Auf diese großen Themengebiete mit allen Bedingungen (*Šurūṭ*), Säulen (*’Arkān*), Verpflichtungen (*Wāǧibāt*) und Freiwilligen Taten (*Sunan*) einzugehen, befindet sich leider außerhalb der Möglichkeiten

---

[121] Ṣaḥīḥ al-Buḫāriyy (50), Ṣaḥīḥ Muslim (8), at-Tirmiḏiyy (2610), Ibn Māǧah (63), Ḥadīṯ ṣaḥīḥ. Wortlaut aus Ṣaḥīḥ Muslim (8).

[122] Der Islam hält für viele Umstände, die eine Person betreffen können, große Vereinfachungen parat. So braucht beispielsweise eine Diabetes-kranke Person nicht im Fastenmonat Ramaḍān zu fasten und ein Armer muss nicht die Pilgerfahrt durchführen. Die Beispiele hierfür sind schier endlos.

dieses kleinen Buches. So sei dies eine Motivation für jeden Leser, um sich detailliert mit den fünf Säulen des 'Islāms zu beschäftigen.

Möge Allāh ﷻ uns zu Ihm ergebenen Muslimen machen, die Ihn mit Wissen und Verständnis anbeten, allāhumma 'āmīn.

[1.2] Der Mu'min (der Gläubige)

gläubige Männer und gläubige Frauen,

Ein Mu'min ist derjenige, der an die sechs Säulen des 'Īmāns glaubt, sie verinnerlicht und umsetzt.

- al-'Īmānu bil-Lāh (der Glaube an Allāh)
- al-'Īmānu bil-Malā'ikah (der Glaube an die Engel)
- al-'Īmānu bil-Kutub (der Glaube an die Bücher)
- al-'Īmānu bir-Rusul (der Glaube an die Gesandten)
- al-'Īmānu bil-Yawmil-'Āḫir (der Glaube
  an den letzten/Jüngsten Tag)
- al-'Īmānu bil-Qadari fī Ḫayrihi wa Šarrih (der Glaube an
  die Vorherbestimmung im Guten und im Schlechten)

Der Mu'min glaubt sowohl allgemein also auch speziell an diese sechs Säulen. Damit ist gemeint, dass er beispielsweise allgemein an Allāh glaubt, und speziell an jeden einzelnen seiner schönsten Namen und Eigenschaften. Dass man allgemein glaubt, dass Allāh ﷻ Propheten und Gesandte ﷺ erwählt hat, und dass man speziell an jene Propheten und Gesandten ﷺ glaubt, die namentlich im Qur'ān und in der Sunnah erwähnt sind wie beispielsweise 'Ibrāhīm, Mūsā oder 'Īsā ﷺ. Und genauso verhält es sich auch bei den anderen vier Säulen des 'Īmāns.

Diese sechs Themengebiete sind, genauso wie die fünf Säulen des 'Islāms, mit Taten verbunden. Wir lernen beispielsweise die Namen und Eigenschaften Allāhs ﷻ nicht einfach nur, damit wir ausschließlich an sie glauben, sondern vielmehr lernen wir sie, damit wir nach ihnen leben. Wenn wir beispielsweise lernen, dass Aḷḷāh ﷻ der Allsehende [al-Baṣīr] ist, dann fühlen wir uns ihn jeder Situation von ihm beobachtet, weil wir wissen, dass er uns sieht, wodurch wir die Stufe des im Ḥadīṯ beschriebenen ʾIḥsān erreichen.

Diejenigen, die al-ʾIḥsān praktizieren sind die *Muḥsinīn*. Sie beten Aḷḷāh ﷻ auf eine Art und Weise an, als könnten sie Ihn sehen, obwohl sie Ihn nicht sehen können. Aber wahrlich, Aḷḷāh ﷻ sieht sie.

Darüber hinaus haben diejenigen, die den vollkommenen ʾĪmān erreicht haben, weitere Eigenschaften, die Aḷḷāh ﷻ zu Beginn der Sūrah (23) al-Muʾminūn erwähnt hat, auf die wir bereits im vorigen Kapitel „Die Gläubigen" auf Seite 25 eingegangen sind. Wenn jemand diese Eigenschaften nicht erreicht, aber ansonsten die sechs Säulen des ʾĪmāns verinnerlicht hat und so gut er kann auslebt, so gehört er mit der Erlaubnis Aḷḷāhs bereits zu den Gläubigen [*Muʾminūn*]. Jedoch besteht für ihn die Möglichkeit, noch höhere Stufen innerhalb des *ʾĪmāns* durch Erlangung dieser Eigenschaften zu erreichen.

Auf diese vielleicht sogar noch größeren Themengebiete wie die Namen und Eigenschaften Aḷḷāhs ﷻ, die Engel, die Ǧinn, die Šayāṭīn, die Bücher, die Geschichten der Propheten und Gesandten ﷺ, die Schriften, den Jüngsten Tag, das Paradies, die Hölle und das Schicksal einzugehen, sprengt leider ebenfalls den Rahmen dieses Buches. So sei dies ebenso eine Motivation für jeden Leser, um sich tiefer mit den sechs Säulen des ʾĪmāns zu beschäftigen.

Möge Aḷḷāh ﷻ uns zu Gläubigen machen, die mit Wissen an Ihn glauben und diesen Glauben auch praktizieren, aḷḷāhumma ʾāmīn.

[2.] Der Qānit (der Ergebene)

ergebene Männer und ergebene Frauen,

Der Qunūt, das, was der Qānit praktiziert, ist die Gehorsamkeit speziell bezüglich des Gebetes, das in Ruhe durchgeführt wird. Über sie sagt Allāh im Qur'ān: „Ist etwa einer, der sich zu (verschiedenen) Stunden der Nacht in demütiger Andacht befindet, sich niederwirft oder aufrecht steht, der sich vor dem Jenseits vorsieht und auf seines Herrn Barmherzigkeit hofft (demjenigen gleich, der dies unterlässt)? Sag: Sind etwa diejenigen gleich, die wissen, und diejenigen, die nicht wissen? Doch bedenken nur diejenigen, die Verstand besitzen."[123]

Sowie: „Ihm gehört, wer in den Himmel und auf der Erde ist. Alle sind ihm demütig ergeben."[124]

Und: „O Maryam, sei deinem Herrn demütig ergeben, wirf dich nieder und verbeuge dich zusammen mit den sich Verbeugenden."[125]

Und: „Haltet die Gebete ein, und (besonders) das mittlere Gebet[126]; und steht demütig ergeben vor Allāh."[127]

Diese Verse beziehen sich hauptsächlich auf das Gebet. Die Gelehrten wie aš-Šayḫ Muḥammad Ibn Ṣāliḥ al-ʿUṯaymīn erklären, dass der Qānit zahlreiche Gehorsamkeiten hinsichtlich des Gebetes durchführt.

Dazu gehört die Demut (al-Ḫušūʿ), das Bittgebet (ad-Duʿā) sowohl im freiwilligen Nachtgebet wie auch in den täglichen Pflichtgebeten, als auch die Verlängerung des Stehens, indem man mehr Qur'ān rezitiert, die Verlängerung der Verbeugung und der Niederwerfung – wobei die

---

[123] Sūrah (39) az-Zumar, Vers 9.

[124] Sūrah (30) ar-Rūm, Vers 29.

[125] Sūrah (3) Āli ʿImrān, Vers 43.

[126] Gemeint ist in diesem Vers das Nachmittagsgebet. Arabisch: *Ṣalāt-al-ʿAṣr*; Türkisch: *İkindi Namazı*.

[127] Sūrah (2) al-Baqarah, Vers 238.

Niederwerfung die vorzüglichste Position im Gebet ist, weil der Betende in ihr Allāh ﷻ am nächsten ist[128].

Möge Allāh ﷻ uns ermöglichen, unsere Gebete auf eine solche Weise zu verlängern und zu verschönern sowie mit Demut in Anwesenheit des Herzens zu verrichten; allāhumma 'āmīn.

[3.] Der Ṣādiq (der Wahrhaftige)

wahrhaftige Männer und wahrhaftige Frauen,

Ein Ṣādiq ist jemand, der sowohl mit Allāh als auch mit den Menschen wahrhaftig und ehrlich ist.

Bezüglich der Wahrhaftigkeit sagte der Prophet Muḥammad ﷺ: „Seid mit der Wahrheit; denn wahrlich, die Wahrheit führt zur Güte und wahrlich, die Güte führt zum Paradies; und kein Mann spricht immer weiter die Wahrheit und bemüht sich darin, die Wahrheit zu sagen, außer dass Allāh ihn als Wahrhaftigen schreibt. Und hütet euch davor, zu lügen, denn die Lüge führt zur Unsittlichkeit und die Unsittlichkeit führt zum Höllenfeuer; und kein Mann lügt immer weiter und bemüht sich darin, zu lügen, außer dass Allāh ihn als Lügner schreibt."[129]

In dieser Überlieferung lehrt uns der Gesandte Allāhs ﷺ zum einen, dass man dann ein Wahrhaftiger ist, wenn man immer die Wahrheit sagt. In einer anderen Überlieferung sagte er ﷺ diesbezüglich: „Sprich (immer) die Wahrheit, selbst wenn sie bitter ist." Das bedeutet, dass man immer zur Wahrheit stehen soll, auch wenn sie sogar gegen einen selbst sein sollte. Und zum anderen lehrt er ﷺ uns, welche Folgen die Wahrheit und die Lüge jeweils haben: Die Wahrheit führt zur Güte und

---

[128] Ṣaḥīḥ Muslim (482), 'Abū Dāwūd (875), an-Nasā'iyy (1137), Ḥadīṯ ṣaḥīḥ.

[129] Ṣaḥīḥ Muslim (2607); mit ähnlichem Wortlaut in 'Abū Dāwūd (4989), al-Adab al-Mufrad (386), Bulūġ al-Marām (16/1562), Muwaṭṭah 'Imām Mālik (56/16), Ḥadīṯ ṣaḥīḥ; Wortlaut aus Ṣaḥīḥ Muslim.

somit zum Paradies, während die Lüge zur Unsittlichkeit und somit zum Höllenfeuer führt. Wahrhaftigkeit ist somit ein wichtiger Baustein für den guten Charakter jedes einzelnen sowie für eine funktionierende Gesellschaft, die aus den einzelnen Mitgliedern gebildet wird.

Möge Allāh ﷻ uns stets zur Wahrheit verhelfen und uns zu Wahrhaftigen machen, allāhumma ʾāmīn.

[4.] Der Ṣābir (der Geduldige)

geduldige Männer und geduldige Frauen,

Der Ṣābir ist derjenige, der geduldig in drei Angelegenheiten ist:

- Geduldig – also beständig – in der Durchführung guter Taten.
- Geduldig – also standhaft – in der Unterlassung schlechter Taten [Sünden].
- Geduldig – also erduldend – bei Schicksalsschlägen: Man ist zufrieden mit dem, was Allāh ﷻ vorherbestimmt hat und vertraut auf Ihn und Seine vollkommene Weisheit.

Die erste Art der Geduld beschreibt, dass man kontinuierlich gute Taten durchführt, auch wenn es manchmal anstrengend wird. Vielleicht ist man abends manchmal müde und würde lieber schlafen gehen, als zu beten; oder man hatte einen anstrengenderen Tag als sonst und würde sein Fasten gerne brechen. Geduldig ist man in solchen Situationen dann, wenn man beharrlich bei der Durchführung solcher guter Taten bleibt und sich nicht durch Erschwernisse wie die im Beispiel erwähnten von ihnen abhalten lässt.

Ähnlich verhält es sich auch bezüglich der zweiten Art der Geduld. Diese beschreibt, dass man beharrlich Sünden unterlässt, auch wenn es ein innerer Kampf wird. Wenn es einem beispielsweise schwerfällt, nicht zu rauchen, dann ist man geduldig, indem man mit sich selbst ringt und die Sünde standhaft unterlässt. Egal wie schwer es wird, man kämpft mit sich selbst und versucht nach stärksten Kräften, die Sünde zu unterlassen. [130]

Über die dritte Art der Geduld berichtet der Ṣaḥābī ’Anas Ibn Mālik ﷺ: „Der Prophet ﷺ ging an einer Frau vorbei, die an einem Grab weinte. So sagte er zu ihr: ‚Fürchte Allāh und sei geduldig!‘ So sagte sie: ‚Lass mich in Ruhe, denn du bist von meinem Unglück nicht betroffen, und du kennst es auch nicht!‘ (Als er gegangen ist,) wurde zu ihr gesagt: ‚Wahrlich, er ist (doch) der Prophet ﷺ.‘ So kam sie zur Tür des Propheten ﷺ und fand bei ihr keine Wächter (davor stehen), so sagte sie: ‚Ich habe dich nicht erkannt.‘ So sagte er: ‚Wahrlich, die Geduld ist mit der ersten Erschütterung!‘ [131]

Wer unter solchen Prüfungen, die einen im Leben begegnen, von Anfang an geduldig ist, dessen Lohn wird mit der Barmherzigkeit Allāhs das Paradies sein; denn der Prophet ﷺ sagte: „Allāh, gepriesen ist er, sagt: ‚Oh Sohn Adams, wenn du mit der ersten Erschütterung geduldig bist und (Meinen) Lohn suchst, so bin Ich mit nichts als Lohn für dich zufrieden, außer (mit) dem Paradies.‘“ [132]

Außerdem sagt Allāh ﷺ über die unzähligen Belohnungen der Geduldigen im Qur’ān: „Sag: O meine Diener, die ihr glaubt, fürchtet euren Herrn! Für diejenigen, die Gutes tun, gibt es (bereits) hier im Diesseits Gutes. Und Allāhs Erde ist weit. Gewiss, den Geduldigen wird ihr Lohn ohne Berechnung in vollem Maß zukommen.“ [133]

---

[130] Und wenn man diesen Kampf mal verliert, so ist Allāh allvergebend, barmherzig und nimmt die Reue Seiner Diener an.

[131] Ṣaḥīḥ al-Buḫāriyy (1283), ’Abū Dāwūd (3124); „Die Geduld ist mit der ersten Erschütterung“ außerdem berichtet in Ṣaḥīḥ al-Buḫāriyy (1302), at-Tirmiḏiyy (988) an-Nasā’iyy (1869), Ḥadīṯ ṣaḥīḥ; at-Tirmiḏiyy (987), Ibn Māǧah (1596), Ḥadīṯ ḥasan.

[132] Ibn Māǧah (1597), Ḥadīṯ ḥasan.

[133] Sūrah (39) az-Zumar, Vers 10.

Möge Allāh ﷻ uns Geduld verleihen, uns zu den Geduldigen zählen
und uns im Paradies einen schier unendlichen Lohn zuteilwerden lassen;
allāhumma ʾāmīn.

[5.] Der Ḫāšiʿ (der Demütige)

demütige Männer und demütige Frauen,

Der Demütige ist derjenige, der Allāh ﷻ in Ruhe und Gelassenheit sowie
in Ausgeglichenheit und Bescheidenheit anbetet. Er empfindet Furcht
vor Allāh ﷻ und fühlt sich unter Seiner Beobachtung, wie der Prophet
ﷺ im Ḥadīṯ von Ǧibrīl ﷷ erwähnt hatte: „[...] Dass du Allāh anbetest,
als würdest du Ihn sehen. Auch wenn du Ihn nicht sehen kannst; aber
wahrlich, Er sieht dich! [...]"[134]

Diese Eigenschaft des demütigen Betens wurde bereits im Kapitel
über „die Gläubigen" ab Seite 27 tiefergehend erläutert. An dieser Stelle
ist es sehr zu empfehlen, dorthin zurückzublättern und diese Eigenschaft
noch mal zu verinnerlichen.

Möge Allāh ﷻ uns mit dieser großartigen Eigenschaft schmücken
und uns die Süße des Gebetes im Diesseits sowie uns den Lohn dieser
Gebete im Jenseits zuteilwerden lassen; allāhumma ʾāmīn.

[6.] Der Mutaṣaddiq (der Spendende)

spendende Männer und spendende Frauen,

Über die Spende wurde vom Propheten ﷺ berichtet, dass er sagte:
„Sieben (Arten von Personen) wird Allāh, erhaben ist Er, in Seinem

---

[134] Auszug aus Ṣaḥīḥ al-Buḫāriyy (50), Ṣaḥīḥ Muslim (8), at-Tirmiḏiyy (2610), Ibn
Māǧah (63), Ḥadīṯ ṣaḥīḥ. Der vollständige Ḥadīṯ wurde bereits von Seite 70 bis
71 erwähnt.

Schatten beschatten; an einem Tag, an dem es keinen Schatten gibt, außer Seinem Schatten: [1.] Ein gerechter Führer, [2.] ein Jugendlicher, der in der Anbetung Allāhs aufwuchs, [3.] ein Mann, dessen Herz mit den Moscheen verbunden ist, [4.] und zwei Männer, die (einander) für Allāh lieben; sie trafen sich für Ihn und sie trennten sich für Ihn; [5.] und ein Mann, den eine Frau (zur Unzucht) rief, die von guter Abstammung und von großer Schönheit ist, (der es aber unterlässt) und sagte: ‚Wahrlich, ich fürchte Allāh‘, [6.] und ein Mann, der eine Spende (so sehr) im Geheimen spendet, bis seine linke Hand nicht weiß, was seine rechte Hand gibt, [7.] und ein Mann, der Allāhs in Abgeschiedenheit gedachte, sodass (seine Tränen) seine Augen überliefen."[135] Wer darauf bedacht ist, immer im Geheimen zu spenden wie es im Ḥadīṯ beschrieben wurde, der wird am Tage der Auferstehung in Allāhs Schatten stehen, während alle anderen, die von diesen sieben Kategorien ausgenommen sind, in der sengenden Hitze der Sonne stehen werden. Jedoch sei daran erinnert, dass man die Spende nicht unterlassen darf, nur weil andere Menschen dabei sind. Dies wurde kurz nach dem Vorwort in dem Kapitel über die Aufrichtigkeit [al-’Iḫlāṣ] ab Seite 20 erläutert.

Des Weiteren sagte der Prophet Muḥammad ﷺ über die Spende als Mittel zur Beseitigung der Sünden: „[...] Das Fasten ist ein Schild und die Spende löscht die Sünden wie das Wasser das Feuer löscht. [...]"[136]

Ebenso sagte er ﷺ über die Spende als Schutz vor dem Höllenfeuer: „Es gibt keinen unter euch, außer das Allāh am Tage der Auferstehung zu ihm sprechen wird – ohne einen Dolmetscher zwischen Allāh und ihm. Dann schaut er und er sieht nichts (an) vorausgeschickten (guten Taten) von ihm. Dann schaut er (ein zweites Mal) vor sich und ihn empfängt das Höllenfeuer. Wer von euch in der Lage ist, sich vor dem Höllenfeuer

---

[135] Ṣaḥīḥ al-Buḫāriyy (1423); mit ähnlichem Wortlaut in Ṣaḥīḥ al-Buḫāriyy (660, 6806), Ṣaḥīḥ Muslim (1031), at-Tirmiḏiyy (2391), an-Nasā’iyy (5380), Ḥadīṯ ṣaḥīḥ.
[136] Auszug aus at-Tirmiḏiyy (614, 2616), Ibn Māǧah (3973), Ḥadīṯ ḥasan.

zu schützen, (der soll spenden,) selbst wenn es die Hälfte einer Dattel ist.“[137]

Außerdem wird von ’Abū Hurayrah ☙ berichtet, dass er sagte: „Der Gesandte Aḷḷāhs ☙ prägte das Gleichnis des Knauserigen und des (freigiebig) Spendenden. (Es ist) wie das Gleichnis zweier Männer, die zwei Mäntel aus Eisen tragen. Wahrlich, ihre Hände wurden zu ihren Brüsten und ihren Hälsen gezwungen. So (ist es beim freigiebig) Spendenden immer (so, dass) wenn er eine Spende spendet, (sich sein Eisenmantel) auf ihm (aus)weitet, bis (er) seine Fingerspitzen überdeckt und seine Spuren verwischt. Und (beim) Knauserigen (ist es so, dass wenn ihn) eine Spende bekümmert, verkürzt (er) sie. So nimmt jeder (Eisen)Ring seinen Platz (ein und bewegt sich nicht).“ ’Abū Hurayrah ☙ sagte: „Wahrlich, so sah ich den Gesandten Aḷḷāhs ☙ mit seinem Finger derartig in seiner (Brust-)Tasche (verwunden), so wenn ich ihn gesehen hätte, (wie er versucht hätte,) sie zu weiten, so hätte sie (sich) nicht weiten lassen.“[138]

Darüber hinaus spricht Aḷḷāh ☙ an vielzähligen Stellen im Qur’ān über die Vorzüglichkeit sowie über die Wichtigkeit der Spende. So sagte Er ☙ unter anderem: „Daher fürchtet Aḷḷāh, soweit ihr könnt. Hört zu, gehorcht und gebt Gutes für euch selbst aus. Und diejenigen, die vor ihrer eigenen Habsucht bewahrt bleiben, das sind diejenigen, denen es wohl ergeht.“[139]

Ebenso sagt Er ☙: „Sag: ‚Gewiss, mein Herr gewährt die Versorgung (auf eine) großzügige (Art und Weise), wem von Seinen Dienern Er will, und Er bemisst (die Versorgung) auch. Und was immer ihr ausgebt, so wird Er es euch ersetzen, und Er ist der beste Versorger.‘“[140]

---

[137] Ṣaḥīḥ al-Buḫāriyy (6539).

[138] Ṣaḥīḥ al-Buḫāriyy (5797); mit ähnlichem Wortlaut in Ṣaḥīḥ al-Buḫāriyy (1443, 2917), Ṣaḥīḥ Muslim (1021), an-Nasā’iyy (2547).

[139] Sūrah (64) at-Taġābun, Vers 16.

[140] Sūrah (34) Sabaʾ, Vers 39.

Und: „Wahrlich, die Spender und die Spenderinnen, (die mit ihren Spenden) Allāh ein gutes Darlehen geben, wird es vervielfacht werden; und für sie wird es trefflichen Lohn geben."[141]

Sowie „Das Gleichnis derjenigen, die ihren Besitz auf Allāhs Weg ausgeben, ist das eines Saatkorns, das sieben Ähren wachsen lässt, (und) in jeder Ähre hundert Körner. Allāh vervielfacht, wem Er will. Und Allāh ist Allumfassend und Allwissend."[142]

All diese Verse bekräftigen den Muslim zu spenden. Zum einen wird die Spende bis zum siebenhundertfachen in dessen Belohnung vervielfacht: Wer also beispielsweise 50,- € spendet, dem kann es so angerechnet werden, als hätte er bis zu 35.000,- € gespendet.

Zum anderen wird Allāh ﷻ dem Spendenden seine Spende bereits im Diesseits ersetzen; das bedeutet, dass niemand Angst davor haben braucht, dass das Spenden so sehr seinen Besitz verringert, dass sie ihn arm machen könnte – wobei das richtige Maß der Spende bereits im Kapitel über „die Diener des Allerbarmers" ab Seite 51 behandelt wurde.

Möge Allāh ﷻ uns diese wunderbare Eigenschaft des häufigen Spendens geben und uns dadurch vom Höllenfeuer erretten sowie das Paradies durch das Tor der Spende betreten lassen, allāhumma 'āmīn.

[7.] Der Ṣā'im (der Fastende)

fastende Männer und fastende Frauen,

Das Fasten ist eine vorzügliche Tat, über die der Prophet Muḥammad ﷺ berichtet, dass Allāh ﷻ sagte: „Jede Tat des Sohnes Adams ist für ihn (selbst), außer das Fasten, denn es ist wahrlich für Mich, und Ich werde es belohnen (ohne zu rechnen)." Der Gesandte Allāhs ﷺ ergänzt: „Und

---

[141] Sūrah (57) al-Ḥadīd, Vers 18.
[142] Sūrah (2) al-Baqarah, Vers 261.

der Mundgeruch des Fastenden ist bei Alḷāh besser als der Geruch von Moschus."[143]

Diese *heilige Überlieferung* ist wahrhaft gewaltig, denn in ihr erklärt Alḷāh ﷻ, dass das Fasten mit einem unmessbar hohen Lohn von Ihm vergolten wird. Unmessbar hoch bedeutet, dass die Belohnung für das Fasten im Gegensatz zu den Belohnungen der allermeisten anderen Taten nicht begrenzt und somit nach oben offen ist.

Bezüglich der Art und Weise, wie man freiwillig fasten sollte, wird zum einen vom Propheten ﷺ berichtet, dass er sagte: „(Das) Fasten dreier Tage in jedem Monat ist wie das Fasten des (gesamten) Lebens. Und die weißen Tage (an denen es empfohlen ist, zu fasten,) sind der dreizehnte, vierzehnte und fünfzehnte (eines jeden Monats des islamischen Mondkalenders)."[144]

Zum anderen wird über ʿĀʾišah ﵂ berichtet, dass sie sagte: „Der Gesandte Alḷāhs ﷺ fastete den Montag und den Donnerstag."[145] Ebenso sagte der Gesandte Alḷāhs ﷺ: „Die Taten werden (Alḷāh) am Montag und am Donnerstag präsentiert. So liebe ich es, dass meine Taten präsentiert werden, während ich am Fasten bin."[146]

Darüber hinaus sagte der Gesandte Alḷāhs ﷺ: „Das beste Fasten ist das Fasten von Dāwūd ﵇. Er fastete einen Tag und brach sein Fasten am (darauffolgenden) Tag."[147]

Diese Überlieferungen berichten uns von drei verschiedenen Möglichkeiten, wie es von der *Sunnah* ist, freiwillig zu fasten.

---

[143] Ṣaḥīḥ al-Buḫāriyy (5927).

[144] an-Nasāʾiyy (2420), mit ähnlichem Wortlaut in Ṣaḥīḥ al-Ǧāmiʿ (7817), ʾAbū Dāwūd (2449), Ḥadīṯ ṣaḥīḥ; ähnlich in at-Tirmiḏiyy (761), an-Nasāʾiyy (2426), Ḥadīṯ ḥasan.

[145] an-Nasāʾiyy (2361), Ḥadīṯ ḥasan; mit ähnlichem Wortlaut in at-Tirmiḏiyy (745), Ibn Māǧah (1739), Ḥadīṯ ṣaḥīḥ.

[146] Ṣaḥīḥ at-Targīb (1041), Ṣaḥīḥ at-Tirmiḏiyy (747), Ḥadīṯ ṣaḥīḥ (al-Albānī); at-Tirmiḏiyy (747), Ḥadīṯ ḥasan.

[147] an-Nasāʾiyy (2388), Ḥadīṯ ṣaḥīḥ.

Zum einen gibt es die Möglichkeit, an den sogenannten drei *weißen Tagen* zu fasten. Sie heißen so, weil an diesen Daten der Mond voll und komplett weiß ist.

Die zweite Art ist das wöchentliche Fasten von jedem Montag und Donnerstag. Zusätzlich kann zu dieser Art des Fastens auch an den *weißen Tage*n gefastet werden.

Die dritte Variante beschreibt, dass man immer die Tage abwechselnd fastet: An dem einen Tag fastet man, an dem nächsten nicht. Dann fastet man wieder, dann wieder nicht... usw. Auch diese Möglichkeit kann durch das Fasten der drei *weißen Tage* ergänzt werden.

Bezüglich einer Kombination zwischen der zweiten und der dritten Möglichkeit ist jedoch abzusehen, weil man dann zu häufig fastet...

Ja, es ist möglich, zu häufig zu fasten, denn der Gefährte 'Anas Ibn Mālik ﵁ berichtete von einer Gruppe der Gefährten des Propheten ﷺ, von denen einer sagte: „Ich heirate keine Frauen." Ein anderer sagte: „Ich esse kein Fleisch." Ein anderer sagte: „Ich schlafe nicht auf einem Bett [Ich bete die ganze Nacht lang, ohne zu schlafen]." Ein anderer sagte: „Ich werde (jeden Tag) fasten und mein Fasten (an keinem Tag) brechen." So erreichte (die Nachricht über ihre Aussagen) den Gesandten aḷ-Ḷāhs ﷺ, so lobte und preiste er Aḷḷāh. Daraufhin sagte er: „Was ist mit den Leuten, die dieses und jenes sagen? Ich aber bete und schlafe; ich faste und ich breche mein Fasten; und ich heirate die Frauen. Wer sich also von meiner Sunnah entfernt, so ist er nicht von mir."[148]

Ebenso gibt es eine Meinungsverschiedenheit unter den Gelehrten darüber, ob die zweite oder die dritte Variante des freiwilligen Fastens vorzüglicher ist.

---

[148] Ṣaḥīḥ al-Buḫāriyy (5063), Ṣaḥīḥ Muslim (1401), 'Abū Dāwūd (1369), an-Nasā'iyy (3217), Ḥadīṯ ṣaḥīḥ.

Die Gelehrten, die sagen, dass die dritte Möglichkeit besser ist, argumentieren mit dem Wortlaut des Propheten ﷺ, der sagte: „Das beste Fasten ist das Fasten von Dāwūd ﷺ. [...]"[149]

Die anderen Gelehrten, die der Meinung sind, dass die zweite Möglichkeit besser ist, argumentieren damit, dass der Prophet Muḥammad ﷺ grundsätzlich der vorzüglichste aller Gesandten Allāhs ist[150], weshalb auch sein Fasten am vorzüglichsten ist.

Und Allāh ﷻ weiß es am besten. Fest steht aber auf jeden Fall, dass beide Varianten authentisch überliefert wurden und hervorragend sind. Du kannst ausprobieren, welche von diesen Möglichkeiten für dich am besten ist oder du kannst sich langsam steigern... Das steht dir alles offen.

Zusätzlich zu den bereits erwähnten Überlieferungen gerichtet 'Abdullāh Ibn 'Umar ﷺ: „Mir sagte der Gesandte Allāhs ﷺ: ‚Faste einen Tag des Monats und dir ist der Lohn (von dem,) was (vom Monat) übrigbleibt.' Ich entgegnete: ‚Wahrlich, ich bin in der Lage, mehr (zu fasten) als das.' Er antwortete (darauf): ‚So faste zwei Tage (des Monats) und dir ist der Lohn (von dem,) was (vom Monat) übrigbleibt.' Ich wiederholte: ‚Wahrlich, ich bin in der Lage, mehr (zu fasten) als das.' Er erwiderte: ‚So faste drei Tage (des Monats) und dir ist der Lohn (von dem,) was (vom Monat) übrigbleibt.' Ich sagte (erneut): ‚Wahrlich, ich bin in der Lage mehr (zu fasten) als das.' Er antwortete: ‚So faste vier Tage (des Monats) und dir ist der Lohn (von dem,) was (vom Monat) übrigbleibt.' Ich wiederholte: ‚Wahrlich, ich bin in der Lage mehr (zu fasten) als das.' So sagte der Gesandte Allāhs ﷺ: ‚Das beste Fasten ist das

---

[149] Auszug aus an-Nasā'iyy (2388), Ḥadīṯ ṣaḥīḥ.

[150] Er war derjenige, der in der Nacht- und Himmelsreise [al-'Isrā' wa-l-Mi'rāǧ] vor allen Propheten und Gesandten vorgebetet hat. Und er wird derjenige sein, dessen Fürsprache am Tage der Auferstehung angenommen wird, während sie von allen anderen Propheten und Gesandten abgelehnt wird. Die Gelehrten wie aš-Šayḫ Muḥammad Ibn Ṣāliḥ al-'Uṯaymīn ﷺ erklären, dass all dies auf seine Vorzüglichkeit gegenüber allen anderen Propheten und Gesandten hinweist. Zusätzlich dazu findet man auch diese Aussage der Tafsīr-Gelehrten zu Sūrah (2) al-Baqarah, Vers 253; Sūrah (46) al-'Aḥqāf, Vers 35; Sūrah (33) al-'Aḥzāb, Vers 7 und Sūrah (42) aš-Šūrā, Vers 13.

Fasten von Dāwūd (ﷺ); er fastete einen Tag und brach (am anderen) Tag sein Fasten.'"[151]

Ebenso wird durch die folgende Überlieferung das Fasten mit dem nächsten, dem achten Punkt dieses Kapitels, verknüpft, nämlich dem Bewahren der Scham. So sagte ʿAbduḷḷāh (Ibn ʿUmar) ﷺ: „Wir waren mit dem Propheten ﷺ (als) Jugendliche (und) wir besaßen nichts. So sagte uns der Gesandte Aḷḷāhs ﷺ: ‚Oh Gemeinschaft der Jugendlichen! Wer in der Lage ist, den Pflichten (der Ehe) nachzukommen, so soll er heiraten. Denn wahrlich, sie hilft, die (verbotenen) Blicke (zu fremden Frauen) zurückzuhalten und die Keuschheit vor der Schändlichkeit zu bewahren. Und wer nicht dazu in der Lage ist, so soll er fasten, denn wahrlich, es ist ein Schutz für ihn.'"[152]

Das Fasten hilft besonders den Jugendlichen, sich vor den verbotenen Blicken und der Unzucht zu schützen. Damit ist jedoch nicht das bloße Fasten des Magens gemeint, sondern das Fasten des gesamten Körpers – somit auch das Fasten der Blicke.

Möge Aḷḷāh ﷻ uns das regelmäßige freiwillige Fasten ermöglichen und uns durch das Paradiestor *ar-Rayyān*[153] das Paradies betreten lassen, aḷḷāhumma ʾāmīn.

[8.] Der Ḥāfiẓ Farǧih (der Hüter seiner Scham)

**Männer, die ihre Scham hüten, und
Frauen, die (ihre Scham) hüten,**

---

[151] an-Nasāʾiyy (2403), Ḥadīṯ ṣaḥīḥ.

[152] Ṣaḥīḥ al-Buḫāriyy (5066), Ṣaḥīḥ Muslim (1400), ʾAbū Dāwūd (2046), Ibn Māǧah (1845); mit ähnlichem Wortlaut in at-Tirmiḏiyy (1081), an-Nasāʾiyy (3209), Ḥadīṯ ṣaḥīḥ.

[153] Dies ist der Name des Tores des Paradieses, durch das die Fastenden das Paradies betreten dürfen. (an-Nasāʾiyy (2237), Ḥadīṯ ṣaḥīḥ.)

Die Erklärung dieses Punktes liefern uns die drei Verse, die zur Beschreibung „der Gläubigen" ab Seite 33 gehören: „und diejenigen, die ihre Schamteile hüten, (5) außer gegenüber ihren Ehefrauen oder dem, was ihre rechte Hand (an Sklavinnen) besitzt, denn darin sind sie nicht zu tadeln. (6) Und wer darüber hinaus (etwas) begehrt, so sind diese die Übertreter! (7)"[154]

Ein Hilfsmittel, um seine Scham zu hüten ist das Fasten, wie es im siebten Unterpunkt dieses Kapitels über den Ṣā'im, also den Fastenden, als letztes erwähnt wurde. Es schützt davor, fremde Frauen anzuschauen und (somit auch) davor, Unzucht zu begehen, wenn auch die Blicke fasten, indem sie auf den Boden gerichtet werden.

Einfach ausgedrückt kann man sich nicht in eine Person verlieben, oder eine Person begehren, die man nicht gesehen hat. Aus diesem Grund hat Allāh ﷻ es den Gläubigen – sowohl Männern als auch Frauen – geboten, ihre Blicke zu senken: „Sag zu den gläubigen Männern: sie sollen ihre Blicke senken und ihre Scham hüten. Das ist reiner für sie. Wahrlich, Allāh ist dessen kundig, was sie machen. (30) Und sag zu den gläubigen Frauen: sie sollen ihre Blicke senken und ihre Scham hüten, ihren Schmuck nicht offen zeigen außer dem, was (sonst) sichtbar ist [das Gesicht und die Hände]. Und sie sollen ihre Kopftücher auf den Brustschlitz ihres Gewandes schlagen und ihren Schmuck nicht offen zeigen, außer ihren Ehegatten, ihren Vätern, den Vätern ihrer Ehegatten, ihren Söhnen, den Söhnen ihrer Ehegatten, ihren Brüdern, den Söhnen ihrer Brüder und den Söhnen ihrer Schwestern, (vor) [muslimischen] Frauen, oder denen, die ihre rechte Hand besitzt, den männlichen Gefolgsleuten, die keinen (Geschlechts-)Trieb (mehr) haben, den Kindern, die auf die Blöße der Frauen (noch) nicht aufmerksam geworden sind. Und sie sollen ihre Füße nicht aneinanderschlagen, damit (nicht) bekannt wird, was sie von ihrem Schmuck verborgen

---

[154] Sūrah (23) al-Mu'minūn, Vers 5-7.

tragen. Wendet euch alle reumütig Allāh zu, (oh) ihr Gläubigen, auf dass es euch wohl ergehen möge!"[155]

Eine tiefergehende Auseinandersetzung mit diesem Punkt lässt sich ab Seite 33 finden. Es ist äußerst bemerkenswert, dass sich bestimmte Eigenschaften immer wiederholen. Aus diesem Grund ist es umso wichtiger, dass man sich diese Eigenschaften aneignet. Und umso mehr ist es zu empfehlen, nochmal dorthin zurückzublättern.

[9.] Der Ḏākir (der Allāh ﷻ (viel) Gedenkende)

und Allāhs viel gedenkende Männer und (Allāhs) viel gedenkende Frauen;

Dies ist ein sehr interessanter Punkt, da er zum einen eine offensichtliche Bedeutung hat, aber zum anderen eine verdeckte Bedeutung birgt.

Die offensichtliche Bedeutung ist, dass damit die allgemeinen *'Aḏkār* gemeint sind, auf die noch im Folgenden ab Seite 108 eingegangen wird. Von diesen allgemeinen Gedenksprüchen sind wiederum besonders die *'Aḏkār* am Morgen und am Abend hervorzuheben, wie Allāh ﷻ in Seinem edlen Buch sagt: „Oh die ihr glaubt, gedenkt Allāhs in häufigem Gedenken; und preist ihn morgens und abends!"[156]

Bezüglich der verdeckten Bedeutung derjenigen, die Allāhs ﷻ viel gedenken, hat uns der Prophet ﷺ Folgendes erklärt: „Wenn ein Mann seine Angehörigen [seine Ehefrau] in der Nacht aufweckt und daraufhin beide (entweder jeder für sich) beten oder gemeinschaftlich (ein Gebet aus) zwei Gebetseinheiten beten, (so) wurden beide zu den (Allāhs viel)

---

[155] Sūrah (24) an-Nūr, Vers 30-31.
[156] Sūrah (33) al-'Aḥzāb, Vers 41, 42.

gedenkenden Männern und den (Allāhs viel) gedenkenden Frauen geschrieben."[157]

Beide Bedeutungen sind von Wichtigkeit, um wahrhaftig zu denjenigen zu gehören, die Allāhs ﷻ häufig gedenken.

Möge Er uns ermöglichen, von ihnen zu sein, indem Er unsere Zungen mit häufigen 'Aḏkār beschäftigt sein und uns mit unseren Angehörigen zum freiwilligen Nachtgebet aufstehen lässt; allāhumma 'āmīn.

Allāhs Vergebung und ein großartiger Lohn

für sie hat Allāh Vergebung und einen
großartigen Lohn bereitet.

Jenen, die all diese Eigenschaften tragen und all diese guten Taten regelmäßig durchführen, wird Allāh ﷻ ihre Sünden vergeben und ihnen durch Seine Barmherzigkeit den Einzug in das Paradies erlauben, worüber uns Sein Gesandter ﷺ berichtete: „Allāh sagte: ‚Ich habe für Meine rechtschaffenen Diener das vorbereitet, was kein Auge gesehen hat, und kein Ohr gehört hat, und niemals als Herzenswunsch in die Vorstellung eines Menschen gekommen ist." Lest, wenn ihr wollt: „Keine Seele weiß, welche Freuden für sie im Verborgenen bereitgehalten werden[158] [...]."[159].

Möge Allāh ﷻ mit uns barmherzig sein, uns unsere Sünden vergeben, sie in gute Taten umwandeln und uns in die höchste Paradiesstufe eingehen lassen, allāhumma 'āmīn.

---

[157] 'Abū Dāwūd (1309), Ḥadīṯ ṣaḥīḥ (al-'Albāniyy); mit ähnlichem Wortlaut in 'Abū Dāwūd (1451), Ḥadīṯ ṣaḥīḥ (al-'Albāniyy).

[158] Sūrah (32) as-Saǧdah, Vers 17.

[159] Ṣaḥīḥ al-Buḫāriyy (3244), Ṣaḥīḥ Muslim (2824), at-Tirmiḏiyy (3197), Ibn Māǧah (4328), Ḥadīṯ ṣaḥīḥ.

Die Sābiqūn (die Überholenden)

﴿وَٱلسَّٰبِقُونَ ٱلسَّٰبِقُونَ ۞ أُو۟لَٰٓئِكَ ٱلۡمُقَرَّبُونَ ۞ فِى جَنَّٰتِ ٱلنَّعِيمِ ۞ ثُلَّةٌ مِّنَ ٱلۡأَوَّلِينَ ۞ وَقَلِيلٌ مِّنَ ٱلۡءَاخِرِينَ ۞ عَلَىٰ سُرُرٍ مَّوۡضُونَةٍ ۞ مُّتَّكِئِينَ عَلَيۡهَا مُتَقَٰبِلِينَ ۞ يَطُوفُ عَلَيۡهِمۡ وِلۡدَٰنٌ مُّخَلَّدُونَ ۞ بِأَكۡوَابٍ وَأَبَارِيقَ وَكَأۡسٍ مِّن مَّعِينٍ ۞ لَّا يُصَدَّعُونَ عَنۡهَا وَلَا يُنزِفُونَ ۞ وَفَٰكِهَةٍ مِّمَّا يَتَخَيَّرُونَ ۞ وَلَحۡمِ طَيۡرٍ مِّمَّا يَشۡتَهُونَ ۞ وَحُورٌ عِينٌ ۞ كَأَمۡثَٰلِ ٱللُّؤۡلُؤِ ٱلۡمَكۡنُونِ ۞ جَزَآءً بِمَا كَانُوا۟ يَعۡمَلُونَ ۞ لَا يَسۡمَعُونَ فِيهَا لَغۡوًا وَلَا تَأۡثِيمًا ۞ إِلَّا قِيلًا سَلَٰمًا سَلَٰمًا ۞﴾

„Und die Überholenden, (ja wahrlich) die Überholenden (10), diese sind die (Allāh) Nahegestellten (11) in den Gärten der Glückseligkeit: (12) Viele von den Früheren (13) und wenige von den Späteren (14) – auf (mit Gold) durchwobenen Liegen (15) liegen sie darauflehnend einander gegenüber. (16) Unter ihnen laufen ewig junge Knaben umher (17) mit Trinkschalen, Krügen und einem Becher aus einem Quell, (18) von dem sie weder Kopfschmerzen bekommen noch dadurch benommen werden, (19) und (mit) Früchten von dem, was sie auswählen (20) und (mit) Fleisch von Geflügel von dem, was sie begehren. (21) Und (in den Gärten der Glückseligkeit sind) Paradiesjungfrauen mit schönen großen Augen (22) gleich wohlverwahrten Perlen. (23) (Dies alles) als Lohn für das, was sie zu tun pflegten. (24) Weder hören sie darin unbedachte

Rede noch Anklage von einer Sünde, (25) sondern nur den Ausspruch: ‚Frieden! Frieden!‘ (26)“ [160]

In diesen vielversprechenden Versen berichtet Aḷḷāh ﷻ über die Belohnungen derjenigen, die eine ganz bestimmte Eigenschaft tragen: Sie sind *die Sābiqūn*, zu Deutsch *„die Überholenden“*. ’Imām al-Qurṭubiyy ﵀ erwähnt in seinem *Tafsīr* die folgende Aussage des Propheten ﷺ: „Die Überholenden sind diejenigen, wenn die Wahrheit zu ihnen gebracht wird, akzeptieren sie sie, und wenn sie nach ihr befragt werden, geben sie sie preis, und sie urteilen über die Menschen wie sie über sich selbst urteilen würden.“

Weitere Erklärungen sind, dass damit die Propheten gemeint sind oder diejenigen von allen Religionsgemeinschaften, die auf der Wahrheit und in ihrem *’Imān* überholend waren. Andere Erklärungen sind, dass das die *Muhāǧirūn* und die *’Anṣār* waren, die den ’Islām so früh angenommen haben, dass sie ihre Gebete in beide Gebetsrichtungen verrichtet haben. Ebenso ist eine Erklärung, dass damit diejenigen gemeint sind, die sich als Erste auf dem Wege Aḷḷāhs abmühen und die Ersten, die zu den Gebeten (in die Moscheen) gehen, die als Erste bereuen und als Erste Taten der Güte durchführen. Eine weitere Erklärung ist, dass damit einzelne Persönlichkeiten aus den verschiedenen Gemeinschaften gemeint sind, wobei es sich bei der Gemeinschaft des Propheten Muḥammad ﷺ um ’Abū Bakr und ‘Umar ﵄ handelt.

’Imām al-Qurṭubiyy ﵀ erklärt darüber hinaus, dass es sich dabei um eine Person handelt, die sich in dessen jungen Jahren mit der Durchführung guter Taten beeilt und sie fortlaufend durchgeführt hat, bis sie diese Welt verlässt. Weitere Erklärungen sind, dass es all jene sind, die sich in rechtschaffenen Taten so sehr beeilen und bemühen, sodass sie die anderen Menschen überholen; sowie dass es diejenigen sind, die die anderen zum einen in den guten Taten überholen und zum anderen auch hinsichtlich Aḷḷāhs Vergebung.

---

[160] Sūrah (56) al-Wāqi‘ah, Vers 10-26.

Und Allāh ﷻ weiß es am besten.

Bei den ganzen Erklärungen stellt sich uns jetzt natürlich die Frage: Was bedeutet das alles für die Praxis?

Diese Erklärungen motivieren uns, grundsätzlich schnell in der Durchführung guter Taten und der Reue zu sein, wobei wir uns am meisten darum bemühen sollten, bei der Verrichtung der Gebete in der Moschee sowie beim Abmühen auf dem Wege Allāhs die Ersten zu sein. Genauso sollten wir uns nicht dafür interessieren, was irgendeine Volksgruppe oder irgendeine Tradition lehrt, sondern was die Religion lehrt: sobald die Wahrheit zu uns kommt, akzeptieren wir sie – selbst, wenn es dem widerspricht, von dem wir bis zu dem jeweiligen Zeitpunkt überzeugt waren. Genauso geben wir diese Wahrheit weiter und akzeptieren keine Irrlehren. Darüber hinaus können alle Propheten ﷺ sowie 'Abū Bakr und 'Umar ﷺ Vorbilder für jeden Muslim sein. Wie waren sie? Was waren ihre Eigenschaften? Und wie kann man diese Eigenschaften erlangen?

Auf diese Weise können auch wir – mit Allāhs Erlaubnis – zu den Sābiqūn gehören und Ihm ﷻ im Paradies nahekommen.

Möge Er ﷻ uns zu den Sābiqūn gehören und uns die Glückseligkeit in Seinem ewigen Paradies zuteilwerden lassen, allāhumma 'āmīn.

أعمال فضيلة
أجور وفيرة
Vorzügliche Taten
Reichliche Belohnungen

Der Vorzug der Rezitation des Qur'āns

Der Qur'ān ist das Wort Allāhs [*Kalām-ul-Lāh*] und ist noch vor der *Sunnah* des Propheten Muḥammad ﷺ das wichtigste Fundament, auf dem der 'Islām aufbaut. Er ist das Buch, dem jeder Muslim die meiste Aufmerksamkeit schenken sollte, weshalb die Gelehrten empfehlen, jeden Tag so viel von ihm zu lesen, wie man kann – selbst wenn es nur eine oder zwei Seiten sind.

Dies ist zwar keine Pflicht, aber es ist ausdrücklich empfohlen und es entspricht der Aussage des Propheten Muḥammad ﷺ, der sagte: „Die beliebtesten Taten bei Allāh dem Erhabenen sind die kontinuierlichen, selbst wenn sie wenige sind."[161]

Mit der Rezitation des Qur'āns ist eine große Belohnung verbunden, denn der Gesandte Allāhs ﷺ sagte: „Derjenige, der einen Buchstaben aus dem Buche Allāhs liest, bekommt eine Ḥasanah. Und diese Ḥasanah wird verzehnfacht. Ich sage nicht ,Alif Lām Mīm' ist ein Buchstabe, sondern ,Alif' ist ein Buchstabe, ,Lām' ist ein Buchstabe und ,Mīm' ist ein Buchstabe."[162]

---

[161] Ṣaḥīḥ Muslim (783); mit ähnlichem Wortlaut in Ṣaḥīḥ al-Buḫāriyy (6464, 6465), Ṣaḥīḥ Muslim (782), 'Abū Dāwūd (1368), an-Nasā'iyy (762, 1654), Ḥadīṯ ṣaḥīḥ. Dieser Ḥadīṯ ist allgemein und lässt sich genauso auf andere Taten übertragen wie dem freiwilligen Beten, Spenden oder Fasten.

[162] at-Tirmiḏiyy (2910), Ḥadīṯ ḥasan.

Das bedeutet, dass derjenige, der den Qur'ān liest, für jeden Buchstaben zehn Ḥasanāt erhält. Und wie viele Buchstaben sind auf einer Seite?! Das ist wahrlich gewaltig!

Darauf aufbauend unterscheiden die Gelehrten zwischen zwei Arten, wie man den Qur'ān lesen kann:

- Die erste Art ist mit schneller Geschwindigkeit, um – anknüpfend an dem erwähnten Ḥadīṯ – innerhalb von kurzer Zeit möglichst viele Ḥasanāt zu sammeln. Jedoch sollte man darauf achten, nur so schnell zu rezitieren, wie man alle Buchstaben und Vokale noch richtig aussprechen kann.

- Die zweite Variante ist die Rezitation mit langsamer Geschwindigkeit. Diese baut auf der Aussage Aḷḷāhs ﷻ auf: „Denken sie etwa nicht sinnend über den Qur'ān nach?"[163] und verfolgt das Ziel, über die Bedeutung des Qur'āns[164] tiefgründig nachzudenken und diese zu verinnerlichen. Die Gelehrten sagen, dass diese zweite Art, den Qur'ān zu rezitieren, sogar noch besser und mit noch mehr Lohn verbunden ist als die erste.[165]

Des Weiteren wird bezüglich des Lesens und des Lernens des Qur'āns von dem Ṣaḥābī ʿUqbah Ibn ʿĀmir ؓ folgendes berichtet: „Der Gesandte Aḷḷāhs ﷺ ging heraus und wir waren in aṣ-Ṣuffah[166]. So sagte er ﷺ: ‚Wer von euch liebt es, jeden Tag morgens nach Buṭḥān oder nach al-ʿAqīq[167]

---

[163] Sūrah (4) an-Nisā', Vers 82.

[164] Gemeint ist hier nicht die Übersetzung, sondern die tiefere Bedeutung der Verse. Und es ist wichtig, an dieser Stelle zu erwähnen, dass man nicht von sich aus die tiefgründigen Bedeutungen der Verse von Aḷḷāhs Buch aus seinem eigenen Kopf heraus verstehen kann. Die grobe Bedeutung scheint in vielen Versen offensichtlich zu sein, aber was das Tiefgründige angeht, ist es wichtig, dass man die Bedeutungen des Qur'āns anhand von Unterrichten und den bekannten *Tafsīr*-Werken lernt.

[165] Ibn Qayyim al-Ǧawziyyah: Zād al-Maʿād. Bd. 1, S. 327.

[166] Ein schattiger Ort in der Prophetenmoschee.

[167] Zwei Wadis außerhalb von Madīnah, wo Kamele verkauft wurden.

(zu gehen) und von dort zwei große weibliche Kamele[168] zu kaufen – ohne zu sündigen und ohne die Verwandtschaftsbande zu brechen?‘ So sagten wir: ‚O Gesandter Allāhs, wir würden es lieben!‘ Er ﷺ sagte: ‚Warum geht dann nicht einer von euch morgens raus zur Moschee und lernt oder liest zwei Verse aus dem Buche Allāhs ﷻ? (Dies) ist besser für ihn als ein oder zwei weibliche Kamele. Und drei (Verse) sind für ihn besser als drei (Kamele). Und vier (Verse) sind besser für ihn als vier (Kamele). Und wer ihre Zahl [der Verse] erhöht, (erhöht auch die Zahl) von den Kamelen.‘“[169]

Wenn wir uns einmal diesen Vergleich vor Augen führen, dann fangen wir an zu begreifen, wie hoch der Wert eines einzelnen Verses des Qur’āns ist – und wie hoch dann dementsprechend der Wert des gesamten Qur’āns ist.

Zusätzlich zu den hohen Belohnungen der Rezitation des Qur’āns gibt es eine sehr gewaltige Belohnung für das Auswendiglernen des Qur’āns, denn der Gesandte Allāhs ﷺ sagte: „(Im Paradies) wird zum Gefährten des Qur’āns gesagt: ‚Lies und steig auf; und trage (den Qur’ān so) vor, wie du es pflegtest, ihn im Diesseits vorzutragen. So ist deine Wohnstätte wahrlich bei dem Vers, den du als letztes gelesen hast.‘“[170]

Der *Gefährte des Qur’āns* ist nicht einfach nur derjenige, der den Qur’ān liest, sondern derjenige, der ihn liest und nach ihm handelt, wie die Gelehrten wie aš-Šayḫ ‘Abd-ul-Muḥsin al-‘Abbād erklären. Die Praktizierung des Qur’āns ist sogar noch vor seiner Rezitation das

---

[168] Für das bessere Verständnis dieser Überlieferung sei angemerkt, dass (große weibliche) Kamele in der Zeit des Propheten ﷺ eine ähnliche Stellung hinsichtlich des Reichtums und Status‘ ihres Besitzers hatten, wie es heute bei einem Sportwagen oder einem anderen teuren Auto der Fall ist. Auf die heutige Zeit übertragen wäre es demnach so, als würde man vorgeschlagen bekommen, in zwei große Sportwagen-Zentren zu fahren, um sich dort aus dem riesigen Fuhrpark die beiden Sportwagen auszusuchen, die einem am besten gefallen.

[169] Ṣaḥīḥ Muslim (803).

[170] ’Abū Dāwūd (1464), at-Tirmiḏiyy (2914), an-Nasā’iyy (as-Sunan al-Kubrā) (8056), Musnad ’Imām Aḥmad (6799). Ḥadīṯ ṣaḥīḥ.

Wichtigste. Saʿd Ibn Hišām Ibn ʿĀmir ﷠ frug ʿĀʾišah ﷞, die Ehefrau des Propheten Muḥammad ﷺ: „Oh Mutter der Gläubigen, berichte mir von dem Charakter des Gesandten Allāhs ﷺ.“ Sie erwiderte: „Liest du etwa nicht den Qurʾān?“ Er antwortete: „Doch.“ Da sagte sie: „So wahrlich, der Charakter des Propheten Allāhs ﷺ war der Qurʾān.“[171]

Die Gelehrten[172] erklären, dass der *Gefährte des Qurʾāns* im Paradies um Stufen aufsteigen wird: Für jeden Vers um eine Stufe. Und er wird in der Stufe wohnen, die der Anzahl der Verse entspricht, die er auswendiggelernt hat. Und wenn er den gesamten Qurʾān auswendiggelernt hat, dann ist seine Wohnstätte in der höchsten Stufe. Demzufolge hat auch das Paradies so viele Stufen, wie der Qurʾān Verse hat. Und Allāh ﷻ weiß es am besten.

Außerdem sagte der Gesandte Allāhs ﷺ: „Das Gleichnis eines Gläubigen, der den Qurʾān liest[173], ist das Gleichnis einer Zitronatzitrone[174]: Ihr Duft ist gut und ihr Geschmack ist gut. Und das Gleichnis eines Gläubigen, der den Qurʾān nicht liest, ist das Gleichnis einer Dattel: Sie hat keinen Geruch und ihr Geschmack ist süß. Und das Gleichnis eines Heuchlers, der den Qurʾān liest, ist das Gleichnis eines Basilikums: Sein Duft ist gut und sein Geschmack ist bitter. Und das

---

[171] Ṣaḥīḥ Muslim (746), mit ähnlichem Wortlaut von ʾImām ʾAḥmad (25813), ʾAbū Yaʿlā (4862) und von ʾImām an-Nawawiyy in seinem Šarḥ Ṣaḥīḥ Muslim (3/268) sowie von ʾImām aṭ-Ṭaḥāwiyy in seinem Šarḥ Miškāt al-ʾĀṯār (4435), Ḥadīṯ ṣaḥīḥ.

[172] Wie ʾImām al-Ḫaṭṭābiyy ﷜ in seinem Buch ‚Maʿālim as-Sunan Šarḥ Sunan ʾAbī Dāwūd‘ (1/289) und Ibn Qayyim al-Ğawziyyah ﷜ in seinem Buch ‚Ḥādī al-ʾArwāḥ ʾilā Bilād il-ʾAfrāḥ‘ (S. 79).

[173] Die Gelehrten wie aš-Šayḫ ʿAbd-ur-Razzāq al-Badr erklären, dass das *Lesen des Qurʾāns* auch hier nicht das reine Lesen oder Auswendiglernen beschreibt, sondern auch, dass man gemäß des Qurʾāns handelt.

[174] Das Besondere an diesem Gleichnis ist, dass die Zitronatzitrone ein großartiges Beispiel für guten Geruch ist, denn nicht nur die Frucht duftet hervorragend, sondern alles an dieser Pflanze: Ihre dunkelgrünen Blätter, die Blüten, natürlich auch die Frucht selbst aber sogar das Holz. (Vgl.: Helena Attlee: The Land Where Lemons Grow, S. 180).

Gleichnis eines Heuchlers, der den Qur'ān nicht liest, ist das Gleichnis einer Koloquinte: Sie hat keinen Duft und schmeckt bitter."[175]

Jetzt liegt es an uns, dass wir aus diesen Aussagen des Propheten ﷺ und der Gelehrten ﷾ Motivation schöpfen, um den Qur'ān möglichst täglich zu lesen, ihn auswendig zu lernen und nach ihm zu handeln. In den Köpfen von vielen von uns Muslimen steckt irgendwie der Gedanke drin, dass nur ein 'Imām, ein Šayḫ oder ein Hoca den Qur'ān vollständig auswendig kann. Aber dem sollte nicht so sein. Jeder von uns sollte das Ziel haben, den Qur'ān komplett auswendig zu lernen.

Der Qur'ān umfasst je nach Zählung 6.236 Verse. Wenn wir jeden Tag einen Vers auswendig lernen, brauchen wir also 6.236 Tage. Das klingt zwar viel, aber diese Zahl entspricht im Vergleich zum gesamten Leben gerade mal ca. 18 Jahren. Es gibt Leute, die sich Geld für ein Haus ausleihen und dieses innerhalb von einer noch längeren Zeitspanne zurückzahlen. Und wenn man sich über eine so lange Zeit hinweg für seine diesseitige Wohnstätte anstrengen kann, warum dann nicht auch für seine jenseitige Wohnstätte, die besser und ewiger ist? Und wie viele Leute kennen wir in unseren eigenen Familien, die teilweise schon 20, 30 Jahre oder sogar noch länger miteinander verheiratet sind, und ihnen kommt es gar nicht so lange vor?

Außerdem muss man ja nicht jeden Tag nur einen einzelnen Vers auswendig lernen. Man kann sich beispielsweise auch an einem oder an zwei Tagen in der Woche bewusst Zeit nehmen, um zusätzlich noch mehr auswendig zu lernen. Genauso bietet sich auch der jährliche Ramaḍān hervorragend dafür an, um noch mehr Zeit sowohl in die Rezitation als auch in das Auswendiglernen des Qur'āns zu investieren. Wenn der Kopf einmal daran gewöhnt ist, den Qur'ān zu speichern, dann schafft er es mit Aḷḷāhs Hilfe, in derselben Zeit immer mehr Verse auswendig zu lernen. Auf diese Weise kann man die 18 Jahre auch gut verkürzen.

---

[175] Ṣaḥīḥ al-Buḫāriyy (5427), Ṣaḥīḥ Muslim (767), at-Tirmiḏiyy (2865), an-Nasā'iyy (5038), Ibn Māǧah (214), Ḥadīṯ ṣaḥīḥ; mit ähnlichem Wortlaut in Ṣaḥīḥ al-Buḫāriyy (5059), 'Abū Dāwūd (4829), Ḥadīṯ ṣaḥīḥ; und weitere.

Grundsätzlich gilt aber in jedem Falle, dass die Wiederholung nicht zu kurz kommen sollte, damit die bereits gelernten Verse nicht in Vergessenheit geraten. Und auch dafür kann man sich entweder bewusst Zeit nehmen oder es bequem während der Hausarbeit, während des Gehens in die Moschee oder während des Autofahrens machen. Wo ein Wille ist, ist auch ein Weg.

Möge Allāh ﷻ den Qur'ān zum Frühling unserer Herzen, zum Licht unserer Brüste, zur Aufhellung unserer Trauer und zum Schwund unserer Sorgen machen.[176] Möge Er ﷻ uns ermöglichen, den gesamten Qur'ān auswendig zu lernen, seine Bedeutungen zu studieren, ihn zu verinnerlichen und nach ihm zu handeln. Und möge Er ﷻ uns im Jenseits erlauben, durch den Qur'ān in die höchste Paradiesstufe einzugehen. allāhumma 'āmīn.

---

[176] Entlehnt an den folgenden Ḥadīṯ: Der Gesandte Allāhs ﷺ sagte: „Kein Diener (Allāhs sagt,) wenn ihn eine Sorge oder Trauer heimsucht: ‚Oh Allāh, Ich bin wahrlich dein Diener, der Sohn deines Dieners und der Sohn deiner Dienerin. Mein Vorderhaupt ist in deiner Hand [d. h.: Du hast die Kontrolle über mich]. Dein Urteil über mich (und mein Schicksal) ist bereits (geschrieben) und deine Entscheidung (diesbezüglich) über mich ist gerecht. Ich bitte dich mit jedem Namen, mit dem du dich selbst benannt oder den du einem deiner Geschöpfe gelehrt oder in deinem Buch herabgesandt oder im verborgenen Wissen bei dir behalten hast, dass du den Qur'ān zum Frühling meines Herzens, zum Licht meiner Brust, zur Aufhellung meiner Trauer und zum Schwund meiner Sorgen machst.', außer dass Allāh seine Trauer und seine Sorge hinwegnimmt und seinen Umstand durch Freude austauscht." (Musnad 'Imām 'Aḥmad (3712), Ṣaḥīḥ Ibn Ḥibbān (972), aṭ-Ṭabarāniyy (10352), al-Ḥākim (1877) und as-Silsilah aṣ-Ṣaḥīḥah von al-'Albāniyy (199), Ḥadīṯ ṣaḥīḥ.)

DER VORZUG DES STREBENS
NACH WISSEN

Die nächste gewaltige Tat ist etwas, was du gerade jetzt in diesem Augenblick bereits machst: *Das Erlernen der Religion.* Mit anderen Worten: *Das Streben nach Wissen.* Es ist eine Tat, zu der in vielen Versen des Qur'āns sowie in zahlreichen 'Aḥādīṯ des Propheten ﷺ motiviert wird.

So sagte der Gesandte Allāhs ﷺ über diese großartige Anbetung: „Wer einen Weg einschlägt, auf dem er nach (religiösem) Wissen strebt, dem erleichtert Allāh einen Weg ins Paradies."[177]

Das Wissen ist bei Allāh ﷻ sehr hoch geehrt. Und geehrt ist bei ihm auch derjenige, der es lernt und es trägt. So lies den folgenden Ḥadīṯ und lass dich dazu beflügeln, das Wissen über Allāhs Religion zu erlangen und danach zu streben.

Der Gesandte Allāhs ﷺ sagte: „Wer einen Weg einschlägt, um auf ihm nach Wissen zu streben, den lässt Allāh einen Weg ins Paradies einschlagen. Und wahrlich, die Engel senken ja zufrieden ihre Flügel auf den nach Wissen Strebenden. Und wahrlich, für den Wissenden bittet um Vergebung, wer in den Himmeln und wer auf der Erde ist und die Fische im Meer. Und wahrlich, der Vorzug des Wissenden gegenüber

---

[177] at-Tirmiḏiyy (2646), Ḥadīṯ ṣaḥīḥ; mit ähnlichem Wortlaut in Ṣaḥīḥ Muslim (2699).

eines Dieners[178] ist wie der Vorzug des Mondes, in einer [klaren] Vollmondnacht, über den Rest der Himmelskörper. Und wahrlich, die Gelehrten sind die Erben der Propheten und gewiss, die Propheten vererben kein Dīnār und kein Dirham, (sondern) sie vererben das Wissen. Wer es also nimmt, der nimmt ein großes Glück!"[179]

Ebenso sagt Allāh ﷻ in Seinem edlen Buch über die Vorzüglichkeit des Wissens: „Sag: ‚Sind etwa diejenigen, die wissen, und diejenigen, die nicht wissen, gleich?' Doch bedenken nur diejenigen, die Verstand besitzen."[180] Und: „Wahrlich, Allāh fürchten von Seinen Dienern (am meisten) die Wissenden. Gewiss, Allāh ist allmächtig und allvergebend."[181]

Außerdem sagte der Gesandte Allāhs ﷺ über die Belohnung des Besuches eines einzigen Unterrichtes in der Moschee: „Wer zur Moschee geht und nichts möchte, außer Gutes zu lehren oder es zu lernen, für den ist der Lohn einer vollständigen Ḥağğ."[182]

Wer sich versammelt, um Allāhs Religion zu lernen, hat in einem Garten des Paradieses Platz genommen. Denn das Streben nach islamischem Wissen ist eine von den besten Formen der Erwähnung Allāhs [Ḏikr-uḷ-Ḷāh], worüber der Gesandte Allāhs ﷺ sagte: „Wenn ihr einen Garten des Paradieses (in dieser Welt) seht, dann setzt euch (in ihn) hinein." 'Anas Ibn Mālik ﷺ frug: „Und was ist ein Garten des Paradieses (in dieser Welt)?" Er ﷺ sagte: „Eine Runde des Gedenkens (Allāhs)."[183]

---

[178] Hier ist jedoch nicht die Rede von einem einfachen Diener ('Abd), sondern von einem ʿĀbid. Die Stufe von einem ʿĀbid ist höher als die von einem ʿAbd, weil der ʿĀbid die Dienerschaft gegenüber Allāh umfassend praktiziert.

[179] ʾAbū Dāwūd (3641), Ḥadīṯ ṣaḥīḥ (al-ʾAlbāniyy).

[180] Sūrah (39) az-Zumar, Vers 9.

[181] Sūrah (35) Fāṭir, Vers 28.

[182] aṭ-Ṭabarāniyy in ‚al-Muʿğam al-Kabīr' (7473), al-Ḥākim (311), ʾAbū Naʿīm in ‚Ḥilyat-ul-ʾAwliyāʾ' (6/97) und Ibn ʿAsākir (16/456). Ḥadīṯ ḥasan ṣaḥīḥ nach aš-Šayḫ al-ʾAlbāniyy in ‚Ṣaḥīḥ at-Tarġīb wa-t-Tarhīb' (86).

[183] at-Tirmiḏiyy (3510), Ḥadīṯ ḥasan (al-ʾAlbāniyy); mit ähnlichem Wortlaut in Mağmūʿ ul-Fatāwā Bin Bāz (12/10), Ḥadīṯ ṣaḥīḥ (Bin Bāz).

Das Streben nach Wissen ist erst recht eine Runde des Gedenkens [Allāhs], denn in ihr studiert man die Religion Allāhs ﷻ, Sein Buch sowie die ’Aḥādīṯ des Propheten Muḥammad ﷺ und denkt über sie nach.

Außerdem ist *das Streben nach Wissen* nicht einfach nur irgendeine gute Tat, sondern genauso wie die Güte zu den Eltern eine Pflicht für jeden Muslim, denn der Gesandte Allāhs ﷺ sagte: „Das Streben nach Wissen ist eine Pflicht für jeden Muslim [und wahrlich, für den Studenten des Wissens bittet alles um Vergebung, sogar die Fische im Meer].“[184]

Es sei aber auch ganz deutlich betont, dass es dabei nicht darum geht, dass jeder Muslim ein Großgelehrter wird! Die Gelehrten erklären, dass es einen Bereich des Wissens gibt, der für jeden Muslim verpflichtend ist [*Farḍ-al-‘Ayn*], und einen Teil des Wissens, der nur für einzelne Personen der muslimischen Gemeinschaft verpflichtend ist [*Farḍ-al-Kifāyah*]:

- Der für jeden Muslim verpflichtete Bereich des Wissens umfasst die Themenbereiche der *‘Aqīdah* [islamische Glaubenslehre], wozu auch die erste Säule des ’Islāms, die *Šahādah* [das Glaubensbekenntnis] gehört, sowie das Wissen über die weiteren vier Säulen: Das Gebet, die *Zakāh*, das Fasten und die Pilgerfahrt. Dies ist für jeden Muslim verpflichtend zu lernen, weil jeder einzelne auch dazu verpflichtet ist, diese Anbetungen auf die korrekte Art und Weise durchzuführen.

- Der Teil des islamischen Wissens, der nur für einzelne Personen der muslimischen Gemeinschaft verpflichtend ist, umfasst alles weitere Wissensbereiche, die über das Erstgenannte hinausgehen. Und Allāh ﷻ weiß es am besten.

Es ist gleich, ob man ein Mann oder eine Frau ist, jung oder alt, beschäftigt oder arbeitslos, krank oder gesund, arm oder reich: Das Erlernen des Pflicht-Wissens ist für jeden verpflichtend. Natürlich ist es verständlich,

---

[184] al-Ǧāmi‘ aṣ-Ṣaġīr (as-Suyūṭiyy) (5246), Ḥadīṯ ṣaḥīḥ. Mit Hinzufügung in den eckigen Klammern in aṣ-Ṣaḥīḥ al-Ǧāmi‘ (al-’Albāniyy) (3914), Ḥadīṯ ṣaḥīḥ.

dass jemand, der alt ist, nicht so gut lernen kann, wie jemand, der jung ist. Dasselbe gilt auch für den Beschäftigten gegenüber dem Arbeitslosen, wie auch für den Kranken gegenüber dem Gesunden. Deswegen sagte der Gesandte Aḷḷāhs ﷺ: „Nutze fünf vor fünf: Dein Leben vor deinem Tod, deine Gesundheit vor deiner Krankheit, deine Freizeit vor deiner Beschäftigung, deine Jugend vor deinem Alter und deinen Reichtum vor deiner Armut."[185] Versuche einfach, dein Bestes zu geben, und der Erfolg kommt von Aḷḷāh ﷺ.

Darüber hinaus erklären die Gelehrten wie aš-Šayḫ Muḥammad Ibn Ṣāliḥ al-ʿUṯaymīn ﷺ, dass das Streben nach islamischem Wissen zu dem Abmühen auf dem Wege Aḷḷāhs gehört. Und sie heben hervor, dass dies besonders dann der Fall ist, wenn man in einer Zeit und an einem Ort lebt, wo das Wissen wenig und die Unwissenheit weit verbreitet ist, wie aš-Šayḫ Bin Bāz ﷺ erklärte. Und das ist in der heutigen Zeit der Zustand fast überall auf der ganzen Welt. Aus diesem Grund ist das Streben nach Wissen eine von den besten Taten, die man überhaupt durchführen kann!

Lerne das Wissen, lebe danach und lehre es. Beachte hierbei auch die Reihenfolge! Aḷḷāh ﷺ sagt in Seinem edlen Buch:

„Beim Zeitalter! [1] Wahrlich, der Mensch befindet sich ja im Verlust, [2] außer denjenigen, die glauben und rechtschaffene Werke tun und einander die Wahrheit eindringlich empfehlen und einander die Geduld eindringlich empfehlen. [3]"[186]

Vers 1: Aḷḷāh ﷺ schwört grundsätzlich nur auf gewaltige Dinge. Und der Schwur auf die Zeit oder das Zeitalter hebt die Bedeutung und den Wert der Zeit enorm hervor. Die Zeit ist also ebenfalls eine Angelegenheit von gewaltiger Bedeutung.

Vers 2: Wahrlich, jeder Mensch ist im Verlust, sowohl im Diesseits als auch im Jenseits.

---

185 Ṣaḥīḥ al-Ǧāmiʿ (al-ʾAlbāniyy) (1077), al-Ǧāmiʿ aṣ-Ṣaġīr (as-Suyūṭiyy) (1205), Ḥadīṯ ṣaḥīḥ; mit ähnlichem Wortlaut in Ṣaḥīḥ at-Tarġīb (al-ʾAlbāniyy) (3355), Ḥadīṯ ṣaḥīḥ.

186 Sūrah (103) al-ʿAsr.

Vers 3.1: Außer denjenigen, die an Aḷḷāh ﷻ und Seine Religion glauben. Doch um glauben zu können, muss man wissen, woran man glauben soll. In der heutigen Zeit gibt es so viel Irrglaube, was als Islam verstanden wird, aber nicht authentisch ist. Aus diesem Grund geht der saubere und gesunde Glaube mit dem Streben nach Wissen einher.

Vers 3.2: Daraufhin wenden diejenigen, die Aḷḷāhs Religion gelernt haben, ihr Wissen an und handeln dementsprechend. Sei es in Bezug auf das Gebet, das Leben mit den Namen und Eigenschaften Aḷḷāhs ﷻ und alles andere, was zum Erbe des Propheten Muḥammad ﷺ dazugehört. Wissen, welches du nicht praktizierst, ist kein Wissen, sondern nur eine Information. So gehöre zu den Wissenden und nicht zu den Trägern von Informationen!

Vers 3.3: Daraufhin rufen sich diejenigen, die gute Taten vollbringen, gegenseitig zur Wahrheit auf. Dies ist die *Da'wah*, der Aufruf zu Aḷḷāhs ﷻ Religion, sowie das Gebieten des Guten und das Verbieten des Schlechten, worüber Aḷḷāh ﷻ sagt: „Und wer spricht bessere Worte als wer zu Aḷḷāh ruft, rechtschaffen handelt und sagt: ‚Gewiss doch, ich gehöre zu den (Aḷḷāh-)Ergebenen.'"[187] Und: „Ihr seid die beste Gemeinschaft, die für die Menschen hervorgebracht worden ist. Ihr gebietet das Rechte und verbietet das Verwerfliche und glaubt an Aḷḷāh. [...]"[188]

Vers 3.4: Daraufhin sind sie in allen drei Teilbereichen standhaft und geduldig. Das bedeutet, dass sie fortlaufend und kontinuierlich nach Wissen streben, selbst danach handeln und dazu aufrufen, auch wenn ihnen dabei Schwierigkeiten begegnen und sie Hürden dafür nehmen müssen. Und ganz wichtig: Sie ermahnen einander auch dazu, geduldig zu sein.

Über die Kontinuität des Strebens nach Wissen gibt es eine arabische Weisheit: „Strebe nach Wissen von der Wiege bis zur Bahre." Dies

---

[187] Sūrah (41) Fuṣṣilat, Vers 33.
[188] Sūrah (3) ʾĀli ʿImrān, Vers 110.

bedeutet so viel wie: „Strebe dein ganzes Leben lang nach Wissen: von deiner Geburt an bis zu deinem Tode!"

Des Weiteren sei erwähnt, dass das Streben nach Wissen mit dem darauffolgenden Lehren eine sehr nachhaltige Tat ist, denn der Gesandte Aḷḷāhs ﷺ sagte: „Wenn der Mensch stirbt, werden all seine Taten von ihm abgeschnitten, außer drei: Außer [1.] einer fortlaufenden Spende oder [2.] **nützliches Wissen** oder [3.] ein rechtschaffenes Kind, das für ihn bittet." [189]

Die Gebete, die du heute betest, sind für dich und du kannst sie nur so lange verrichten, wie du lebst. Aber wahrlich, „jede Seele wird den Tod kosten"[190] und ab dann wirst du keine einzige *Ḥasanah* mehr verdienen können, außer du hast mit mindestens einem dieser drei Dinge vorgesorgt.

Wenn du also nützliches Wissen hinterlässt, was nicht nur für dich allein, sondern auch für die Menschen ist, da sie davon profitieren, werden dir weiterhin auch nach deinem Tod diese *Ḥasanāt* aufgeschrieben. Und welches Wissen ist nützlicher als das Wissen über die Religion Aḷḷāhs?

Möge Aḷḷāh ﷺ unser Wissen mehren und uns ermöglichen, danach zu handeln und es mit Weisheit weiterzugeben. Und möge Er uns darin geduldig sein lassen und uns erlauben, dadurch das Paradies zu erlangen; aḷḷāhumma 'āmīn.

---

[189] Ṣaḥīḥ Muslim (1631), at-Tirmiḏiyy (1376), an-Nasā'iyy (3651), Ḥadīṯ ṣaḥīḥ.

[190] Sūrah (3) 'Āli 'Imrān, Vers 185; Sūrah (21) al-'Anbiyā', Vers 35; Sūrah (29) al-'Ankabūt, Vers 57.

Der Vorzug des Gedenkens Allāhs (aḏ-Ḏikr)

Diese oft unterschätzte Tat beinhaltet eine Vielzahl an großartigen Belohnungen und sollte einen großen Anteil im Leben eines jeden Muslims einnehmen, wie es bereits im Unterkapitel über den „Ḏākir" ab Seite 89 thematisiert wurde. Allāh ﷻ sagt in Seinem edlen Buch über das Sprechen von *aḏ-Ḏikr*: „Gedenkt meiner, so gedenke ich eurer. Und seid mir (gegenüber) dankbar und nicht undankbar."[191]

Ebenso sagt Er ﷻ: „Oh ihr, die ihr glaubt, gedenkt Allāhs in häufigem Gedenken!"[192]

Sowie: „[...] und Allāhs viel gedenkende Männer und viel gedenkende Frauen: Für sie hat Allāh Vergebung und großartigen Lohn bereitet."[193]

Und: „Und gedenke deines Herrn in deiner Seele in Unterwürfigkeit, (ihn) anflehend und fürchtend (sowie) mit leiser Stimme am Morgen und am Abend. Und gehöre nicht zu den Unachtsamen!"[194]

Darüber hinaus sagte der Prophet Muḥammad ﷺ: „Das Gleichnis desjenigen, der seines Herrn gedenkt, und desjenigen, der seines Herrn nicht gedenkt, ist wie das Gleichnis des Lebenden und des Toten."[195]

---

[191] Sūrah (2) al-Baqarah, ’Āyah 152.

[192] Sūrah (33) al-’Aḥzāb, ’Āyah 41.

[193] Sūrah (33) al-’Aḥzāb, ’Āyah 35.

[194] Sūrah (7) al-’A‘rāf, ’Āyah 205.

[195] Ṣaḥīḥ al-Buḫāriyy (6407), Ṣaḥīḥ Muslim (779).

Außerdem sagte er ﷺ: „Soll ich euch nicht von den besten Taten berichten, (die) am reinsten gegenüber eurem Herrn (sind), die euch die höchsten (Paradies-)Stufen einbringen, die besser für euch sind als das Spenden von Gold und Silber und (nochmals) besser für euch sind als das Bekämpfen eurer Feinde, dass ihr sie niederschlagt und sie euch niederschlagen [196]?" Sie [die Ṣaḥābā ﷺ] sagten: „Doch!" Er ﷺ sagte: „Das Gedenken Aḷḷāhs, des Erhabenen." Daraufhin sagte Muʿāḏ Ibn Ǧabal ﷺ: „Nichts rettet mehr vor der Strafe Aḷḷāhs als das Gedenken Aḷḷāhs." [197]

Ebenso sagte der Gesandte Aḷḷāhs ﷺ: „Aḷḷāh der Erhabene sagt: ‚Ich bin zu Meinem Diener (wie) er (über) Mich denkt. Und Ich bin mit ihm, wenn er Meiner gedenkt. Wenn er also Meiner gedenkt, (während) er allein ist, (dann) gedenke Ich seiner allein. Und wenn er Meiner in einer Gruppe (von Menschen) gedenkt, dann gedenke Ich seiner in einer Gruppe [von Engeln], die besser ist als sie [die Gruppe von Menschen]. Und wenn er sich Mir um eine Handspanne nähert, (dann) nähere Ich Mich ihm um eine Ellenlänge. Und wenn er sich Mir um eine Ellenlänge nähert, (dann) nähere Ich Mich ihm um zwei Armlängen. Und wenn er gehend zu Mir kommt, (dann) komme ich laufend zu ihm.'" [198]

Des Weiteren sagte ein Mann zum Propheten ﷺ: „Oh Gesandter Aḷḷāhs ﷺ, die Gesetze des Islams wurden zu viele für mich. Berichte mir von etwas, woran ich festhalten soll." Er ﷺ sagte: „Lass deine Zunge nicht aufhören, mit dem Gedenken Aḷḷāhs feucht (zu sein)." [199]

Außerdem sagte der Prophet ﷺ: „Wer auf einer Sitzgelegenheit sitzt (und) Aḷḷāhs nicht auf dieser gedenkt, (so) ist dies für ihn ein Grund der Reue. Und wer auf seiner Liege liegt (und) nicht Aḷḷāhs auf ihr gedenkt, (so) ist dies (ebenso) für ihn ein Grund der Reue." [200]

---

[196] Wörtlich steht hier: „[...] dass ihr ihre Nacken schlagt und sie eure Nacken schlagen?"

[197] at-Tirmiḏiyy (3377), Ḥadīṯ ḥasan.

[198] Ṣaḥīḥ al-Buḫāriyy (7405), Ṣaḥīḥ Muslim (2675), at-Tirmiḏiyy (3603), Ḥadīṯ ṣaḥīḥ.

[199] at-Tirmiḏiyy (3375), Ḥadīṯ ḥasan.

[200] ʾAbū Dāwūd (4856), Ḥadīṯ ḥasan ṣaḥīḥ (al-ʾAlbāniyy).

Ebenso sagte der Gesandte Allāhs ﷺ: „Kein Volk sitzt in einer Versammlung (und) gedenkt in ihr nicht Allāhs, und sie sprechen keine Segenswünsche über ihren Propheten, außer (dass dies) für sie eine Quelle der Reue (sein wird). Wenn [Allāh] nun will, bestraft Er sie, und wenn Er will, vergibt er ihnen.“[201]

Auch sagte der Prophet Muḥammad ﷺ: „Kein Volk steht aus einer Versammlung auf, in der sie nicht Allāhs gedacht haben, außer (dass) sie aufstehen wie von dem Kadaver eines Esels; und es ist für sie (ein Grund der) gramvollen Reue.“[202]

Es ist wichtig anzumerken, dass in diesen drei ’Aḥādīṯ nicht gemeint ist, dass dies eine Sünde wäre, die man bereuen müsse, sondern dass man sich am Tage der Auferstehung wünschen wird, dass man solche Gelegenheiten genutzt hätte, um Allāhs ﷻ und Seiner Religion zu gedenken, da dies einem Belohnungen für diesen gewaltigen Tag eingebracht hätte. Außerdem tilgt das Gedenken Allāhs ﷻ in einer gemeinschaftlichen Gesprächsrunde die Sünden, die man in dieser begangen hat. Genauso bezieht sich die Beschreibung des Eselkadavers nicht auf Gesprächsrunden, in denen nichts Sündhaftes oder Verächtliches gesprochen wurde. Wer aus einer Sitzung aufsteht, in der Nützliches gesprochen wurde, für den ist es nicht so, als würde er von einem Eselskadaver aufstehen.[203]

Außerdem sollte noch erwähnt werden, dass hiermit nicht gemeint ist, dass man sich in einen Kreis setzt und anfängt, verschiedene ’Aḏkār gemeinschaftlich zu sprechen. Vielmehr ist damit gemeint, dass einzelne Personen immer wieder solche ’Aḏkār für sich selbst sprechen und es gut wäre, wenn man in das Gespräch neben normalen und alltäglichen Themen auch religiöse Inhalte einfügen würde. Ebenso sind damit ganz besonders auch religiöse Unterrichte und Vorträge gemeint. Und Allāh ﷻ weiß es am besten.

---

[201] at-Tirmiḏiyy (3380), Ḥadīṯ ḥasan ṣaḥīḥ.

[202] ’Abū Dāwūd (4855), Ḥadīṯ ṣaḥīḥ (al-’Albāniyy).

[203] Šarḥu Sunan ’Abī Dāwūd (Ibn Raslān) (18/565 ff.).

Tasbīḥ

سُبْحَانَ اللهِ

SubḥānAḷḷāh.

Gepriesen ist Aḷḷāh.

SubḥānAḷḷāh wird oft mit „Gepriesen ist Aḷḷāh ﷻ“ oder „Preis sei Aḷḷāh ﷻ“ übersetzt, jedoch trifft dies nicht die vollständige Bedeutung dieses Satzes. Diese ist nämlich, dass man Aḷḷāh ﷻ von jeglichem Fehler und jeglichem Mangel sowohl in Bezug auf die religiösen Regeln [*aš-Šar*] als auch hinsichtlich des Schicksals [*al-Qadr*] freispricht. Stattdessen bekräftigt und verinnerlicht man die Perfektion Aḷḷāhs ﷻ und Seine Vollkommenheit.

Bezüglich der großen Belohnung von „SubḥānAḷḷāh“ berichtete der Ṣaḥābī Sa‘d Ibn ’Abī Waqqāṣ ﵁: „Wir waren mit dem Gesandten Aḷḷāhs ﷺ, als er sagte: ‚Ist einer von euch nicht in der Lage, am Tag tausend *Ḥasanāt* zu verdienen?‘ So fragte ihn ein Fragender aus [der] Versammlung: ‚Wie kann einer von uns tausend Ḥasanāt verdienen?‘ Er ﷺ sagte: ‚Preist (Aḷḷāh mit) hundert *Tasbīḥ*, so werden ihm tausend *Ḥasanāt* geschrieben oder tausend Sünden gelöscht.‘“[204]

Des Weiteren ist eine sehr große Besonderheit vom *Tasbīḥ*, dass er der Handlungsweise der Engel entspricht und der des Šayṭāns widerspricht. Aḷḷāh ﷻ berichtet uns, dass sowohl die Engel als auch ’Iblīs eine Art Diskussion mit Ihm ﷻ in Bezug auf unseren Urvater ’Ādam ﵇ hatten.

Die Engel sagten zu Aḷḷāh ﷻ: „[...] Willst Du auf [der Erde] etwa jemanden einsetzen, der auf ihr Unheil stiftet und Blut vergießt, wo wir Dich doch lobpreisen und Deiner Heiligkeit lobsingen?“ Woraufhin Er ﷻ antwortete: „Ich weiß, was ihr nicht wisst.“ Danach haben die Engel

---

[204] Ṣaḥīḥ Muslim (2698), Taḫrīǧ al-Musnad (Šu‘ayb al-’Arnā’ūṭ) (1613), Ṣaḥīḥ at-Tirmiḏiyy (al-’Albāniyy) (3463), Ḥadīṯ ṣaḥīḥ.

mit „Subḥānak! [Gepriesen seist du!]" nachgegeben und sich Aḷḷāhs Entscheidung gefügt.[205]

Dem gegenüber sagte Iblīs als er und die Engel dazu aufgefordert wurden, sich vor 'Ādam ﷺ niederzuwerfen, zu Aḷḷāh ﷻ: „Ich bin besser als er! Du hast mich aus Feuer erschaffen, ihn aber hast Du aus Lehm erschaffen." Darauf entgegnete Aḷḷāh ﷻ: „So geh fort aus [dem Paradiesgarten]! Es steht dir nicht zu, darin hochmütig zu sein. So geh hinaus! Gewiss, du gehörst zu den Geringgeachteten."[206] 'Iblīs hat nicht nachgegeben und sich Aḷḷāhs Entscheidung gefügt, sondern er war aufmüpfig und hat sich Aḷḷāhs Urteil widersetzt.

Jetzt stellt sich für uns die Frage, wessen Beispiel wir folgen, wenn uns Schicksalsschläge, Prüfungen und Probleme im Leben begegnen. Beschweren wir uns und folgen 'Iblīs' in seinem Hochmut oder folgen wir den Engeln in ihrer Ergebenheit und sagen *„SubḥānAḷḷāh"* in Kombination mit der verinnerlichten Bedeutung dieses gewaltigen Satzes und fügen uns der Entscheidung Aḷḷāhs ﷻ?

Taḥmīd

الْحَمْدُ لِلّٰهِ

al-Ḥamdu lillāh.

Alles Lob gebührt Aḷḷāh.

Das Erste, womit wir uns bei dieser bekannten Lobpreisung befassen, ist dessen Bedeutung. Per Definition ist das Lob, das auf Arabisch *al-Ḥamd* bedeutet, das Beschreiben des Gepriesenen – also von Aḷḷāh ﷻ – mit Vollkommenheit. Vereinfacht übersetzt bedeutet dieser Satz: „Alles Lob gebührt Aḷḷāh."

---

[205] Sūrah (2) al-Baqarah, 'Āyah 30-32.
[206] Sūrah (7) al-'A'rāf, 'Āyah 11-13.

Das Lob bedarf keiner vorausgegangener Gaben, Geschenke oder sonstigem, man lobt Aḷḷāh ﷻ einfach aufgrund Seiner vollkommenen und perfekten Namen und Eigenschaften.

Anders verhält es sich bei der Dankbarkeit, die sprachlich *aš-Šukr* bedeutet. Diese setzt nämlich voraus, dass im Vorfeld der Danksagung eine Gabe, ein Geschenk oder ähnliches gemacht wurde. Jedoch ist auch sie mit dem Aussprechen von „al-Ḥamdu liḷḷāh" verbunden, denn dies ist die Dankbarkeit der Zunge.

Über die Dankbarkeit sagt Aḷḷāh ﷻ in Seinem edlen Buch: „Und als euer Herr (aus-)rief: ,Wenn ihr dankbar seid, werde Ich euch ganz gewiss (das, was Ich) euch (gegeben habe, noch weiter) vermehren. Wenn ihr (jedoch) undankbar seid, dann ist Meine Strafe wahrlich streng!'" [207]

Wenn der Diener gegenüber Aḷḷāh ﷻ für Seine Gaben dankbar ist, so wird Er ihm sogar noch mehr an Vorzügen geben, als Er ihm ohnehin bereits gegeben hat. Wenn er jedoch undankbar ist, so wird das, was Er ihm bereits gegeben hat, nicht einfach nur weniger, sondern so wird Aḷḷāh ﷻ ihm eine strenge Strafe für seine Undankbarkeit auferlegen.

Um dieser Strafe zu entgehen und die Vermehrung der Gaben zu erlangen, benötigen wir das korrekte Verständnis der Dankbarkeit. Sie wird nämlich nicht nur mit der Zunge durchgeführt, sondern genauso auch mit dem Herzen und den Taten, wie Aḷḷāh ﷻ in Seinem Buch erwähnt: „[Die Ǧinn] machten für [Dāwūd], was er wollte an Gebetsräumen, Bildwerken, Schüsseln wie Wasserbecken und feststehenden Kesseln. ,Verrichtet (gute) Taten, (oh) Sippe Dāwūds, als Dankbarkeit (mir [Aḷḷāh] gegenüber); und (nur) wenige von Meinen Dienern sind (wirklich) dankbar.'" [208]

Wenn Aḷḷāh ﷻ Seinen Diener mit einer Gabe beschenkt hat, reicht es also nicht aus, dass er seine Dankbarkeit mit der Zunge durch die Lobpreisung zum Ausdruck bringt. Man muss ebenso durch die

---

[207] Sūrah (14) 'Ibrāhīm, 'Āyah 7.

[208] Sūrah (34) Sabaʾ, 'Āyah 13.

Vermehrung guter Taten und Vermeidung der Sünden Allāh ﷻ zeigen, dass man dankbar ist.

Wenn wir fragen, bis wohin wir dankbar sein müssen, so hat dieses keine Grenze. Wir sollen niemals in unserer Dankbarkeit nachlässig werden, denn wir können gar nicht alle Gaben, die Allāh ﷻ uns gegeben hat, erfassen. Egal wie lange wir nach Allāhs ﷻ Gaben suchen, würden wir niemals alle finden und auflisten können, wie Allāh ﷻ im Qurʾān sagt: „Und wenn ihr versucht, die Gaben Allāhs zu zählen, so wärt ihr dazu niemals im Stande. Aber wahrlich, Allāh ist vergebend und barmherzig"[209]

Das bedeutet, dass egal wie oft wir uns bei Allāh ﷻ bedanken, es niemals ausreicht, da wir gar nicht in der Lage sind, uns für alles zu bedanken, was Allāh ﷻ uns gegeben hat. Aber Allāh ﷻ ist vergebend und barmherzig, weshalb Er ﷻ uns nicht aufgrund dieser Unfähigkeit bestrafen wird.

Das, worum es geht, ist also, dass wir versuchen, Allāh ﷻ zu danken so weit wie wir können: Weder in Sicherheit, dass wir Ihm genug gedankt hätten und von Ihm unbedürftig wären, noch in der Angst, dass wir undankbare Diener wären und Allāh ﷻ uns bestrafen würde. Auch hier ist das richtige Verständnis die Balance zwischen den beiden Extremen.

Tasbīḥ und Taḥmīd

Diese beiden Lobpreisungen haben eine sehr enge Bindung zueinander, denn erst nachdem man „SubḥānAllāh" [*Tasbīḥ*] verstanden hat, kann man überzeugt sagen: „al-Ḥamdu lillāh" [*Taḥmīd*]. Dies, weil erst nachdem man die Fehler und Mängel verneint, kann man die Perfektion und die Vollkommenheit Allāhs ﷻ hervorheben und lobpreisen.

---

[209] Sūrah (16) an-Naḥl, ʾĀyah 18; mit ähnlichem Wortlaut in Sūrah (14) ʾIbrāhīm, ʾĀyah 34.

Dieser Zusammenhang ist auch eine mögliche Erklärung für die gewaltigen Belohnungen, die diese beiden Sätze in Kombination mit sich bringen, auf die im Folgenden eingegangen wird:

سُبْحَانَ اللهِ وَبِحَمْدِهِ

SubḥānAḷḷāhi wa bi-Ḥamdih.

Gepriesen ist Aḷḷāh und ihm gehört jedes Lob.

So sagte der Gesandte Aḷḷāhs ﷺ: „Wer hundertmal am Tag sagt: ,*Gepriesen ist Aḷḷāh und ihm gehört jedes Lob [SubḥānAḷḷāhi wa bi-Ḥamdih]*,' (dem) werden all seine Sünden gelöscht, selbst wenn sie so viele sind wie der Meeresschaum."[210]

سُبْحَانَ اللهِ الْعَظِيمِ وَبِحَمْدِهِ

SubḥānAḷḷāhi l-ʿAẓīmi wa bi-Ḥamdih.

Gepriesen ist Aḷḷāh der Gewaltige und ihm gehört jedes Lob.

Ebenso sagte der Prophet ﷺ: „Wer sagt: ,*Gepriesen ist Aḷḷāh der Gewaltige und ihm gehört jedes Lob [SubḥānAḷḷāhi l-ʿaẓīmi wa bi-Ḥamdih]*,' dem wird eine Dattelpalme im Paradies gepflanzt."[211]

سُبْحَانَ اللهِ وَبِحَمْدِهِ، سُبْحَانَ اللهِ الْعَظِيمِ

SubḥānAḷḷāhi wa-bi-Ḥamdihi subḥānAḷḷāhi l-ʿaẓīm.

Gepriesen ist Aḷḷāh und ihm gehört jedes Lob, gepriesen ist Aḷḷāh der Gewaltige.

Außerdem sagte der Gesandte Aḷḷāhs ﷺ: „Zwei Wörter sind leicht auf der Zunge, schwer auf der Waage (und) vom Allerbarmer geliebt: *Gepriesen*

---

[210] Ṣaḥīḥ al-Buḫāriyy (6405), Ṣaḥīḥ Muslim (2691), at-Tirmiḏiyy (3468), Ibn Māǧah (3812), Ḥadīṯ ṣaḥīḥ.

[211] at-Tirmiḏiyy (3464), at-Tarġīb wa t-Tarhīb (al-Munḏirī) (2/347), Ḥadīṯ ḥasan ṣaḥīḥ; Miškāt al-Maṣābīḥ (2304), Ḥadīṯ ṣaḥīḥ (aš-Šayḫ al-'Albāniyy).

ist Allāh und ihm gehört jedes Lob, gepriesen ist Allāh, der Gewaltige [SubḥānAllāhi wa-bi-Ḥamdihi subḥānAllāhi l-ʿaẓīm]."[212]

Alle drei Variationen der Verbindung des Sprechens von „SubḥānAllāh" [Tasbīḥ] und „al-Ḥamdu lillāh" [Taḥmīd] sind authentisch überliefert und sind mit großen Belohnungen verbunden. Man kann immer zwischen ihnen wechseln und mal das eine und mal das andere sagen.

Tahlīl

لَا إِلَـٰهَ إِلَّا اللهُ

Lā ʾIlāha illAllāh.

Es gibt keine anbetungswürdige Gottheit außer Allāh.

Der *Tahlīl* [Lā ʾIlāha ʾillAllāh] ist der erste von zwei Teilen des Glaubensbekenntnisses [*Šahādah*] und bedeutet, dass es keine anbetungswürdige Gottheit gibt, außer Allāh ﷻ.

Dieser Satz setzt sich wiederum aus zwei Teilen zusammen: Der erste Teil lautet: „Es gibt keine anbetungswürdige Gottheit," [Lā ʾIlāha] und der zweite Teil ist: „außer Allāh" [ʾillAllāh].

Diese beiden Teile sind fundamental für die vollkommene Darstellung der Einzigkeit Allāhs ﷻ; denn der erste Teil verneint alles, was angebetet wird, und der zweite Teil macht nur eine Ausnahme: Allāh ﷻ.

Wenn wir nur sagen würden: „Allāh ist der anbetungswürdige Gott," so würde dies neben ihm noch andere Gottheiten für möglich halten. Durch die vollkommene Verneinung aller Gottheiten und Allāh ﷻ als einzige Ausnahme, bestätigen wir, dass Er ﷻ der einzige anbetungswürdige Gott ist, neben dem nichts und niemand angebetet werden darf.

---

[212] Ṣaḥīḥ al-Buḫāriyy (6406, 6682, 7563), Ṣaḥīḥ Muslim (2684), Ṣaḥīḥ al-Ǧāmiʿ (4572).

So ist es nicht verwunderlich, dass der Gesandte Aḷḷāhs ﷺ sagte: „Wessen letzte Worte: ‚*Es gibt keine anbetungswürdige Gottheit, außer Aḷḷāh [Lā ’Ilāha ’illAḷḷāh]*,‘ sind, (der) betritt das Paradies.“[213]

Außerdem berichtete uns der Propheten Muḥammad ﷺ, dass der Prophet Mūsā ﷺ sagte: „Oh mein Herr, lehre mich etwas, womit ich Dich lobpreisen kann und womit ich Dich rufen kann.“ [Aḷḷāh ﷻ] antwortete: „Oh Mūsā: sprich: ‚*Es gibt keine anbetungswürdige Gottheit, außer Aḷḷāh [Lā ’Ilāha ’illAḷḷāh]!*‘“ [Mūsā ﷺ] entgegnete: „Oh mein Herr, all Deine Diener sagen das.“ [Aḷḷāh ﷻ] antwortete: „Sprich: ‚*Es gibt keine anbetungswürdige Gottheit, außer Aḷḷāh [Lā ’Ilāha ’illAḷḷāh]!*‘“ [Mūsā ﷺ] erwiderte: „Wahrlich, ich möchte etwas (sagen), womit Du mich (vor all Deinen anderen Dienern) auszeichnest.“ [Aḷḷāh ﷻ] sagte: „Oh Mūsā, wahrlich, wenn die (gesamten) sieben Himmel und die (gesamten) sieben Erden in einer Waagschale (gewogen würden) und ‚*Es gibt keine anbetungswürdige Gottheit, außer Aḷḷāh [Lā ’Ilāha ’illAḷḷāh]*,‘ in einer (anderen) Waagschale (gewogen würde), so überwiege: ‚*Es gibt keine anbetungswürdige Gottheit, außer Aḷḷāh [Lā ’Ilāha ’illAḷḷāh].*‘“[214]

Des Weiteren berichtete uns der Gesandte Aḷḷāhs ﷺ: „Ein Mann aus meiner Nation wird am Tage der Auferstehung vor der Gesamtheit der Schöpfung gerufen. So werden ihm neunundneunzig Register (seiner Sünden) vorgelegt. Jedes Register reicht (bis zum Ende) des Sichtbaren. Daraufhin fragt Aḷḷāh, gepriesen und erhaben ist Er: ‚Streites du etwas (von dem, was in diesen Registern verzeichnet ist,) ab?‘ So antwortet er: ‚Nein, oh mein Herr.‘ So fragt Er (weiter): ‚Haben dir meine bewahrenden Schreiber[215] Unrecht getan? [...] Hast du eine Ausrede? Hast du eine gute Tat (*Ḥasanah*)?‘ So ist der Mann verängstigt, (und) so antworteter: ‚Nein.‘ So entgegnet [Aḷḷāh ﷻ]: ‚Doch! Wir haben wahrlich für dich gute Taten (*Ḥasanāt*) und gewiss, dir wird am heutigen Tage

---

213 ’Abū Dāwūd (3116), Ḥadīṯ ṣaḥīḥ (al-’Albāniyy).

214 Ṣaḥīḥ Ibn Ḥibbān (6218), Ḥadīṯ ṣaḥīḥ; mit ähnlichem Wortlaut in Fatḥu l-Bārī von Ibn Haǧar al-ʿAsqalānī (11/211), Ḥadīṯ ṣaḥīḥ.

215 Gemeint sind die Engel, die unsere Taten aufschreiben.

kein Unrecht widerfahren.' So wird für ihn eine Karte herausgenommen, auf der (steht): *Ich bezeuge, dass es keine anbetungswürdige Gottheit gibt außer Allāh,* und dass Muḥammad Sein Diener und Sein Gesandter ist ['Ašhadu *'an* lā 'Ilāha *'illAllāh,* wa 'anna Muḥammadan 'Abduhu wa Rasūluh].' [...] So sagt er: ,Oh mein Herr, was ist das für eine Karte [im Vergleich] zu diesen Registern?' So sagt [Allāh ﷻ]: ,Wahrlich, dir (geschieht) kein Unrecht.' Daraufhin werden die Register in die (eine) Waagschale gelegt und die Karte in die (andere) Waagschale. So werden die Register leicht und die Karte schwer(, sodass sie die Register überwiegt und er das Paradies betritt)."[216]

Dieser sogenannte „Ḥadīṯ der Karte" lässt jeden Muslim aufatmen und auf Allāhs Barmherzigkeit hoffen; und gleichzeitig verdeutlicht er, wie schwerwiegend – im positiven Sinne – die Bezeugung ,*Es gibt keine anbetungswürdige Gottheit, außer Allāh [Lā 'Ilāha 'illAllāh]*' ist.

Aus diesem Grund sollte sich jeder Muslim darum bemühen, möglichst häufig ,*Lā 'Ilāha 'illAllāh*' zu sagen; zumal es sehr leicht ist, das zu sagen, weil man dafür nicht einmal den Mund öffnen braucht.

Dadurch, dass sich nur die Zunge, nicht aber die Lippen bewegen brauchen, um die Buchstaben richtig auszusprechen, kann man seinen Mund nur ganz leicht öffnen oder sogar komplett geschlossen lassen. Auf diese Weise kann man diesen *Ḏikr* immer und überall sprechen, ohne dass davon irgendjemand irgendetwas mitbekommt. Dies wiederum ermöglicht dir, es für niemanden anderen zu sagen, außer für Allāh ﷻ allein und somit ein Sinnbild des 'Iḫlāṣ ist. SubḥānAllāh!

Takbīr

الله أَكْبَرُ

Aḷḷāhu 'akbar.

Aḷḷāh ist am größten.

Takbīr bedeutet, Aḷḷāh ﷻ als den Größten zu verherrlichen – größer als alles andere: größer als falsche Götter, größer als das eigene Gelüst, größer als jede Tradition, größer als jeder König, Herrscher und überhaupt größer als jeder Mensch.

Der *Takbīr* ist unter anderem einer von den ersten Dingen, die dem Propheten ﷺ von Aḷḷāh ﷻ kurz nach der ersten Begegnung mit Ǧibrīl ﷺ befohlen wurden: „O du Zugedeckter, stehe auf und warne; und verherrliche deinen Herrn als den Größten, [mach *Takbīr*]!“[217]

Des Weiteren verdeutlicht der *Takbīr* eine der größten Angelegenheiten, mit denen der 'Islām gekommen ist. Man spricht ihn sowohl zu Beginn als auch zum Ende des *'Aḏān*, bei den meisten Positionswechseln im Gebet, an den Festtagen und bei vielen weiteren Gelegenheiten.

Er verherrlicht Aḷḷāh ﷻ über alles, was Ihm beigesellt wird, denn Er ﷻ ist größer als sie alle. Aḷḷāh ﷻ sagt in Seinem edlen Buch: „Und sag: (Alles) Lob gebührt Aḷḷāh, Der Sich keine Kinder genommen hat [als Gegenantwort zu den Leuten der Schrift], und es gibt weder Teilhaber an seiner Herrschaft [als Gegenantwort zu den Götzendienern], noch benötigt Er einen Beschützer vor Demütigung [als Gegenantwort zu den Feueranbetern]. Und verherrliche Ihn doch als den Größten [mach *Takbīr*]!“[218]

---

[217] Sūrah (74) al-Muddaṯṯir, 'Āyah 1-3.
[218] Sūrah (17) al-'Isrā', 'Āyah 111.

Darüber hinaus sagte der Prophet ﷺ: „Wenn ihr die Hitze seht, so verherrlicht (Aḷḷāh) als den Größten, denn dieses löscht das Feuer."[219]

Tasbīḥ, Taḥmīd, Tahlīl und Takbīr

سُبْحَانَ اللهِ وَالْحَمْدُ لِلهِ وَلَا إِلَهَ إِلَّا اللهُ وَاللهُ أَكْبَرُ
[اللهُمَّ اغْفِرْ لِي، اللهُمَّ ارْحَمْنِي، اللهُمَّ ارْزُقْنِي]

SubḥānAḷḷāhi wa-l-Ḥamdu lillāhi
wa-lā ʾIlāha ʾillAḷḷāhu wAḷḷāhu ʾakbar
[aḷḷāhumma ġfir lī, aḷḷāhumma rḥamnī, aḷḷāhumma rzuqnī].

Gepriesen ist Aḷḷāh [Er ist frei von jeglichem Mangel oder Fehler], alles Lob gebührt Aḷḷāh, es gibt keine anbetungswürdige Gottheit außer Aḷḷāh und Aḷḷāh ist am größten [Oh Aḷḷāh, vergib mir; oh Aḷḷāh, sei mit mir barmherzig; oh Aḷḷāh, versorge mich].

Nachdem wir auf diese vier Lobpreisung Aḷḷāhs ﷻ einzeln eingegangen sind, wird nun die Vorzüglichkeit ihres gemeinsamen Erwähnens behandelt. So sagte der Gesandte Aḷḷāhs ﷺ: „Dass ich (einmal) sage: ‚Gepriesen ist Aḷḷāh, alles Lob gebührt Aḷḷāh, es gibt keine anbetungswürdige Gottheit außer Aḷḷāh und Aḷḷāh ist am größten! [SubḥānAḷḷāhi wa-l-

---

[219] al-Ǧāmiʿ aṣ-Ṣaġīr (as-Suyūṭī) (2/69), Ḥadīṯ ḥasan. Über die Einstufung dieses Ḥadīṯes gibt es Meinungsverschiedenheiten. ʾImām Aḥmad ﷺ sagt, dass einer der Überlieferer in der Kette gelogen hat; und auch aš-Šayḫ al-ʾAlbāniyy ﷺ sowie weitere Muḥaddiṯūn wie Ibn Raǧab und ad-Dāraquṭniyy ﷺ haben diesen Ḥadīṯ als *ḍaʿīf* oder gar als *munkar* eingestuft. Jedoch erwähnen ihn die Gelehrten wie Ibn Qayyim al-Ǧawziyyah, Ṣāliḥ Ibn Fawzān al-Fawzān oder Muḥammad al-Muḫtār aš-Šanqīṭī ﷺ in dem Kontext, dass der *Takbīr* den Šayṭān, der aus Feuer erschaffen wurde, schwächt und dass er, wenn man eine reine Absicht und Aufrichtigkeit [*al-ʾIḫlāṣ*] hat, auch das Feuer eines Brandes löschen kann. Und Aḷḷāh ﷻ weiß es am besten.

Ḥamdu lillāhi wa-lā ’Ilāha ’illAḷḷāhu wAḷḷāhu ’akbar],' ist mir lieber als (all) das, worüber die Sonne aufgeht."[220]

Ebenso sagte der Gesandte Aḷḷāhs ﷺ: „Die von Aḷḷāh meist geliebtesten Sätze sind vier: ,*Gepriesen ist Aḷḷāh, und alles Lob gebührt Aḷḷāh, und es gibt keinen anbetungswürdigen Gott außer Aḷḷāh, und Aḷḷāh ist am größten! [SubḥānAḷḷāhi wa l-Ḥamdu lillāhi wa-lā ’Ilāha ’illAḷḷāhu wAḷḷāhu ’akbar].*' Es trifft dich kein Schaden, mit welchem (Satz) von ihnen auch immer du beginnst.[221]

Außerdem frug der Prophet ﷺ seinen Freund ’Abū Bakr ﷺ: „Ist es nicht so, dass du Spaß im Garten des Paradieses haben wirst und dich in ihm ausruhen wirst?" [’Abū Bakr ﷺ] sagte: „Oh Gesandter Aḷḷāhs, was ist es(, was mich zu diesem) festliche(n) Bankett (führt)?" Er sagte: „*Gepriesen ist Aḷḷāh, und alles Lob gebührt Aḷḷāh, und es gibt keinen anbetungswürdigen Gott außer Aḷḷāh, und Aḷḷāh ist am größten! [SubḥānAḷḷāhi wa-l-Ḥamdu lillāhi wa-lā ’Ilāha ’illAḷḷāhu wAḷḷāhu ’akbar]*" Salmān ﷺ sagte: „Wahrlich, für jedes Mal [in dem dieser *Ḏikr* gesagt wird,] ist eine Pflanzung eines Baumes in dem, worin die Bäume des Paradieses gepflanzt werden." Er sagte: „*Gepriesen ist Aḷḷāh, alles Lob gebührt Aḷḷāh, es gibt keine anbetungswürdige Gottheit außer Aḷḷāh und Aḷḷāh ist am größten! [SubḥānAḷḷāhi wal-Ḥamdu lillāhi wa-lā ’Ilāha ’illAḷḷāhu wAḷḷāhu ’akbar]*"[222]

Des Weiteren kam ein Mann mit einem Brummen zum Gesandten Aḷḷāhs ﷺ, so sagte er: „O Gesandter Aḷḷāhs, lehre mich etwas Gutes!" Er ﷺ antwortete: „Sag: ,*Gepriesen ist Aḷḷāh, alles Lob gebührt Aḷḷāh, es gibt keine anbetungswürdige Gottheit außer Aḷḷāh, und Aḷḷāh ist am größten! [SubḥānAḷḷāhi wa-l-Ḥamdu lillāhi wa-lā ’Ilāha ’illAḷḷāhu*

---

[220] Ṣaḥīḥ Muslim (2695), Ṣaḥīḥ Ibn Ḥibbān (834), Ṣaḥīḥ at-Tirmiḏiyy (al-’Albāniyy) (3597).

[221] Ṣaḥīḥ Muslim (2137); mit ähnlichem Wortlaut in Ibn Māǧah (3811), Bulūǧ al-Marām (1546), Ṣaḥīḥ at-Tarġīb (1546), Taḫrīǧ al-Musnad (Šuʿayb al-’Arnā’ūṭ) (20244), Ḥadīṯ ṣaḥīḥ.

[222] at-Tarġīb wa t-Tarhīb (al-Munḏirī) (2/349), Ḥadīṯ ḥasan; mit ähnlichem Wortlaut in Maǧmaʿ az-Zawā’id (al-Haytamī) (10/94).

wAllāhu ʾakbar], " und zeigte mit seiner Hand vier (Finger). Daraufhin ging [der Mann], so sagte er: „*Gepriesen ist Allāh, alles Lob gebührt Allāh, es gibt keine anbetungswürdige Gottheit außer Allāh und Allāh ist am größten! [SubḥānAllāhi wa l-Ḥamdu lillāhi wa-lā ʾIlāha ʾillAllāhu wAllāhu ʾakbar].*" Daraufhin kam er zurück. Als der Gesandte Allāhs ﷺ ihn sah, lächelte er und sagte: „Das elende Nachdenken." So sagte er: „Oh Gesandter Allāhs, ‚*Gepriesen ist Allāh, alles Lob gebührt Allāh, es gibt keine anbetungswürdige Gottheit außer Allāh, und Allāh ist am größten! [SubḥānAllāhi wa l-Ḥamdu lillāhi wa lā ʾIlāha ʾillAllāhu wAllāhu* ʾakbar],' das alles ist für Allāh, was ist nun für mich [was habe ich davon]?" So sagte der Gesandte Allāhs ﷺ: „Wenn du sagst: ‚*Gepriesen ist Allāh [SubḥānAllāh],*' (dann) sagt Allāh: ‚Du hast die Wahrheit gesprochen.' Wenn du sagst: ‚*Alles Lob gebührt Allāh [al-Ḥamdu lillāh],*' (dann) sagt Allāh: ‚Du hast die Wahrheit gesprochen.' Wenn du sagst: ‚*Es gibt keine anbetungswürdige Gottheit, außer Allāh [lā ʾIlāha ʾillAllāh],*' (dann) sagt Allāh: ‚Du hast die Wahrheit gesprochen.' Wenn du sagst: ‚*Allāh ist am größten [Allāhu ʾakbar],*' dann sagt Allāh: ‚Du hast die Wahrheit gesprochen.' Wenn du daraufhin sagst: ‚*Oh Allāh, vergib mir [allāhumma ġfir lī],*' dann sagt Allāh: ‚Habe Ich bereits.' So wenn du dann sagst: ‚*Oh Allāh, sei mit mir barmherzig [allāhumma rḥamnī],*' dann sagt Allāh: ‚Bin Ich bereits.' Und wenn du dann sagst: ‚Oh Allāh, versorge mich [*allāhumma rzuqnī*],' dann sagt Allāh ﷻ: ‚Habe Ich bereits.'" Der Überlieferer sagte: „So hielt der Beduine sieben (Finger) in seiner Hand."[223]

Diese Kombination aus allen vier beschriebenen Formen des *Dikrs* ist wahrhaft gewaltig und sollte einen festen Platz im alltäglichen Leben jedes Muslims haben.

---

[223] Ṣaḥīḥ at-Tarġīb (1564), Ḥadīṯ ḥasan (al- ʾAlbāniyy); at-Tarġīb wa t-Tarhīb (al-Mundirī) (2/354).

Segenswünsche [*Ṣalawāt*] auf den Propheten Muḥammad ﷺ

اللهُمَّ صَلِّ وَسَلِّمْ عَلَى نَبِيِّنَا مُحَمَّدٍ

Aḷḷāhumma ṣalli wa sallim ʿalā Nabiyyinā Muḥammad.

**Oh Aḷḷāh, segne unseren Propheten
Muḥammad und schenke Ihm Heil.**

Über dieses Bittgebet sagte der Prophet Muḥammad ﷺ: „Wer auf mich Segenswünsche spricht, auf den spricht sie Aḷḷāh zehnmal [und schreibt ihm mit ihnen zehn Ḥasanāt.]"[224]

Ebenso sagte der Gesandte Aḷḷāhs ﷺ: „Macht eure Häuser nicht zu Gräbern [indem ihr in ihnen das (freiwillige) Gebet und das Lesen des Qurʾāns unterlasst], und macht mein Grab nicht zu einem (Ort für ein) Fest; und sprecht die Segenswünsche über mich, denn wahrlich eure Segenswünsche erreichen mich, wo auch immer ihr seid."[225]

Des Weiteren sagte er ﷺ: „Der Geizhals ist derjenige, der mich erwähnt, aber keine Segenswünsche über mich spricht."[226]

Ebenso sagte der Gesandte Aḷḷāhs ﷺ: „Wahrlich, Aḷḷāh hat Engel, die auf der Erde reisen, sie erreichen mich mit dem *Salām* meiner Gemeinschaft."[227]

Auch sagte der Gesandte Aḷḷāhs ﷺ: „Keiner von euch grüßt mich, außer dass Aḷḷāh mir meine Seele zurückgibt, bis ich [demjenigen, der mich gegrüßt hat] den *Salām* erwidert habe."[228]

---

[224] at-Tirmiḏiyy (484), Ḥadīṯ ḥasan; ohne Hinzufügung [in den eckigen Klammern] auch in Ṣaḥīḥ Muslim (384) und at-Tirmiḏiyy (485), Ḥadīṯ ṣaḥīḥ.

[225] ʾAbū Dāwūd (2042), Ḥadīṯ ṣaḥīḥ (al-ʾAlbāniyy); Iqtiḍāʾ aṣ-Ṣirāṭ al-Mustaqīm (Ibn Taymiyyah) (2/169), ʾIġāṯat-ul-Lahfān (Ibn Qayyim) (1/300), Ḥadīṯ ḥasan.

[226] at-Tirmiḏiyy (3546), Ḥadīṯ ḥasan ṣaḥīḥ (at-Tirmiḏiyy), Ḥadīṯ ṣaḥīḥ (al-ʾAlbāniyy).

[227] An-Nasāʾiyy (1282), Maǧmūʿ Fatāwā Ibn Bāz (9/311), al-ʾĀyāt al-Bayyināt (43) (al-ʾAlbāniyy), Ḥadīṯ ṣaḥīḥ.

[228] ʾAbū Dāwūd (2041), Ḥadīṯ ḥasan (al-ʾAlbāniyy); al-ʾAḏkār (al-ʾImām an-Nawawī) (154), Ḥadīṯ ṣaḥīḥ.

Was in den beiden letztgenannten Überlieferungen mit *„as-Salām"* gemeint ist, erklärt aš-Šayḫ Ibn Bāz ﷺ sowohl mit der Begrüßung des Propheten ﷺ an seinem Grab in Madīnah, als auch mit den Segenswünschen auf ihn, von wo auch immer man sich auf der Erde befindet und zu welcher Zeit auch immer man diese ausspricht. Dies beinhaltet sowohl die Segenswünsche, die man einfach so ohne bestimmten Anlass auf den Propheten ﷺ spricht, als auch die, die man nach jeder Erwähnung des Propheten ﷺ sagt.

Über die Vorzüge der Segenswünsche auf den Propheten Muḥammad ﷺ ganz besonders am Freitag sagte er ﷺ: „Wahrlich, der Freitag ist einer eurer vorzüglichsten Tage. So vermehrt an ihm eure Segenswünsche auf mich, denn eure Segenswünsche werden mir gezeigt." Daraufhin frugen (die Ṣaḥābā ﷺ): „Oh Gesandter Aḷḷāhs, wie werden dir unsere Segenswünsche gezeigt, wenn du bereits gestorben und verwest bist?" Er ﷺ antwortete: „Wahrlich, Aḷḷāh ﷺ verbot der Erde die Körper der Propheten – Möge Aḷḷāh ihnen Heil schenken."[229]

Das Aussprechen der Zufriedenheit

رَضِيتُ بِاللهِ رَبًّا وَبِالإِسْلَامِ دِينًا وَبِمُحَمَّدٍ [ﷺ] نَبِيًّا

**Raḍītu billāhi Rabban wa bi-l-'Islāmi Dīnan
wa bi Muḥammadin [ﷺ] Nabiyyā.**

**Ich bin zufrieden mit Aḷḷāh als Herrn, mit dem 'Islām
als Religion und mit Muḥammad [ﷺ] als Propheten.**

---

[229] at-Tarġīb wa-t-Tarhīb (1/336); Mit ähnlichem Wortlaut in Ṣaḥīḥ 'Abī Dāwūd (al-'Albāniyy) (1047), Ḥadīṯ ṣaḥīḥ.

Der Gesandte Aḷḷāhs ﷺ sagte: „Wer sagt: ‚*Ich bin zufrieden mit Aḷḷāh als Herrn, mit dem 'Islām als Religion und mit Muḥammad [ﷺ] als Propheten,* ‘ dem ist das Paradies verpflichtet.“[230]

Der Prophet ﷺ hat einer Person, die diesen kurzen Satz ausspricht, einen sehr großen Lohn zugesichert. Weshalb ist das so?

Dieser kurze Satz umfasst das gesamte Leben: Wenn man zufrieden mit Aḷḷāh ﷻ als Herrn ist, dann ist man zufrieden mit Ihm als Angebeteten, als Gesetzgeber und als denjenigen, der das Schicksal bestimmt. Wenn man mit dem 'Islām als Religion zufrieden ist, dann ist man zufrieden mit ihm als Maßstab, den man für sein gesamtes Leben in jeder Angelegenheit auserwählt hat: Von kleinen Dingen wie dem Gang zur Toilette bis hin zu großen Angelegenheiten wie einem islam-konformen Finanzwesen oder einer islamischen Gesellschaft. Wenn man mit dem Gesandten Aḷḷāhs ﷺ als Propheten zufrieden ist, dann ist man zufrieden mit ihm als Vorbild, Führer und Lehrer.

Des Weiteren ist dies eine Grundlage des Praktizierens sowie des Verstehens des 'Islāms, denn es beeinflusst sowohl das Denken als auch das Handeln des Muslims. Es geht auch damit einher, dass man das liebt, was Aḷḷāh ﷻ und Sein Gesandter ﷺ lieben und geboten haben, und dass man das verabscheut, was Aḷḷāh ﷻ und Sein Gesandter ﷺ verabscheuen und verboten haben.

Es ist also nicht nur das simple Aussprechen dieses Satzes allein, sondern das Aussprechen mit Überzeugung und Umsetzung im Leben. Und Aḷḷāh ﷻ weiß es am besten.

---

[230] Ṣaḥīḥ 'Abī Dāwūd (al-'Albāniyy) (1529), Ṣaḥīḥ Ibn Ḥibbān (863), Ḥadīṯ ṣaḥīḥ; Natā'iǧu l-'Afkār (Ibn Ḥaǧar al-ʿAsqalānī) (1/91), Ḥadīṯ ḥasan.

Der Vorzug der Bittgebete für einen Bruder bzw. eine Schwester im 'Islām

Ein Bittgebet, das man für seine Geschwister im 'Islām spricht, hat auch für einen selbst eine äußerst positive Auswirkung, denn der Gesandte Allāhs ﷺ sagte: „Wer für seinen Bruder (Allāh um etwas) hinter seinem Rücken bittet, dem sagt ein (von Allāh) beauftragter Engel: 'Āmīn, und für dich dasselbe."" [231]

Wenn ein Muslim für einen anderen beispielsweise um Wissen bittet, dann schickt Allāh ﷺ einen Engel, der Ihn für den Bittenden ebenfalls um Wissen bittet. Und so ist das in jeder anderen Angelegenheit. Zum einen zeigt dieser Ḥadīṯ, dass man sich davor hüten sollte, Allāh ﷺ um etwas Schlechtes für seine Geschwister zu bitten, und zum anderen, dass man häufig Bittgebete für seine Geschwister im 'Islām sprechen sollte, damit ein Engel kommt und dasselbe Bittgebet für einen selbst spricht. Das Vorzügliche daran ist nämlich, dass das Bittgebet des Engels – so Allāh ﷺ will – angenommen wird.

Wenn man also unbedingt etwas Bestimmtes haben will, dann sollte man Allāh ﷺ für seine Geschwister darum bitten, damit dieses Bittgebet durch den Engel auf einen selbst zurückfällt. Und Allāh ﷺ weiß es am besten.

---

[231] Ṣaḥīḥ Muslim (2732).

Der Vorzug der Hilfe, die man Geschwistern in der Religion leistet

Der Prophet Muḥammad ﷺ sagte: „Die bei Aḷḷāh beliebtesten Menschen sind (diejenigen,) die den Menschen am meisten nutzen. Und die bei Aḷḷāh ﷻ beliebteste Tat ist eine Freude, die man einem Muslim bereitet; oder dass man eine Sorge von ihm nimmt; oder für ihn eine Schuld begleicht; oder seinen Hunger stillt. Und dass ich mit einem Bruder gehe, um ihm bei einem Bedürfnis zu helfen ist mir ja lieber, als dass ich in dieser Moschee, [in der Propheten-Moschee in Madīnah,] einen Monat lang *’I‘tikāf* mache. Und wer (von) seinem Zorn ablässt, dessen Blöße verdeckt Aḷḷāh. Und wer seine Wut zähmt, selbst wenn er es wirklich ausführen will, dessen Herz füllt Aḷḷāh (mit) Hoffnung am Tage der Auferstehung. Und wer mit seinem Bruder in einem Bedürfnis geht [ihm Beistand leistet] bis es für ihn gelöst ist, dem macht Aḷḷāh seine Füße an einem Tag sicher, an dem die Füße vergehen. Und wahrlich, die verdorbendste Schöpfung stiftet Unheil mit ihren Taten wie der Essig den Honig verdirbt."[232]

Der Teil, in dem der Prophet ﷺ sagte: „[...] Und dass ich mit einem Bruder gehe, um ihm bei einem Bedürfnis zu helfen ist mir ja lieber, als dass ich in dieser Moschee, [in der Propheten-Moschee in Madīnah,]

---

[232] as-Silsilah aṣ-Ṣaḥīḥah (906), Ḥadīṯ ṣaḥīḥ (al-’Albāniyy).

einen Monat lang *'I'tikāf* mache. [...]," soll an dieser Stelle einmal tiefergehend erläutert werden.

Über 'Ā'išah ﷺ wird berichtet, dass sie sagte: „Der Prophet ﷺ pflegte (für gewöhnlich), *'I'tikāf* in den letzten zehn Tagen vom Ramaḍān durchzuführen, also habe ich ihm ein Zelt aufgeschlagen. So betete er das Morgengebet, woraufhin er es betrat. [...]"[233]

Der Prophet ﷺ hat sich im *'I'tikāf*, der ohnehin schon an sich ein Rückzug in die Moschee ist, um sich Allāh ﷺ und der Anbetung zu Ihm zu widmen, noch zusätzlich in ein Zelt zurückgezogen. Dort verbrachte er die ganze Zeit mit dem Gedenken Allāhs ﷺ. Was dies in zehn Tagen für einen Lohn bei Allāh ﷺ einbringt, lässt sich für uns nicht berechnen; aber für einen gesamten Monat erst recht nicht!

Wenn sich der Prophet ﷺ einen ganzen Monat in seiner Moschee aufgehalten hätte, so hätte er selbstverständlich auch all seine Gebete ausschließlich dort verrichtet. Wahrlich, der Gesandte Allāhs ﷺ sagte (über die Gebete in seiner Moschee): „Ein Gebet in meiner Moschee (in Madīnah) ist besser als tausend Gebete woanders, außer der verbotenen Moschee (in Makkah). [Und ein Gebet in der verbotenen Moschee (in Makkah) ist besser als hunderttausend Gebete woanders.][234]

Fünf Gebete in dreißig Tagen sind hundertfünfzig Gebete. Wenn diese mit Tausend multipliziert werden, hätte man den Lohn von hundertfünfzigtausend Gebeten.

Und einem Bruder/einer Schwester zu helfen, ist dem Propheten ﷺ lieber als das alles! Das bedeutet, dass mit dem Helfen der Geschwister im 'Islām mehr Lohn verbunden ist als mit all dem! Und was für ein gewaltiger Lohn muss das dann sein?! Das ist unvorstellbar!

---

[233] Ṣaḥīḥ al-Buḫāriyy (2033).

[234] Ṣaḥīḥ Muslim (1395), Ibn Māǧah (1405), an-Nasā'iyy (2898), Ḥadīṯ ṣaḥīḥ; mit Hinzufügung [in den eckigen Klammern] in Ibn Māǧah (1406), Ḥadīṯ ṣaḥīḥ.

DER FRIEDENSGRUß [AS-SALĀM]

السَّلَامُ عَلَيْكُمْ وَرَحْمَةُ اللهِ وَبَرَكَاتُهُ [وَمَغْفِرَتُهُ]

As-Salāmu ʿalaykum wa Raḥmatuḷḷāhi wa
Barakātuhu [wa-Maġfiratuh].
Möge der Frieden, Aḷḷāhs Barmherzigkeit und Seine
Segnungen [sowie Seine Vergebung] auf dir sein.

Wahrlich, der Friedensgruß ist ein ganz besonderes Geschenk Aḷḷāhs
ﷻ, welches er Seinen Dienern gemacht hat. Doch leider ist dieses
Verständnis etwas verloren gegangen. Der Friedensgruß ist nämlich der
Gruß des Paradieses, denn die Torwächter des Paradieses werden seine
Bewohner mit den Worten „Salāmun ʿalaykum [Friede sei auf euch]"
begrüßen[235] und ebenso begrüßen auch im Allgemeinen die Engel die
Paradiesbewohner mit diesem wundervollen Satz.[236]

Und wenn wir uns vor Augen führen, dass wir jedes Mal, wenn wir
unseren Bruder [bei Männern] oder unsere Schwester [bei Frauen]
im ’Islām begrüßen oder verabschieden, ein Bittgebet für sie sprechen,
dann bekommt dieser Gruß einen ganz neuen Wert und wir kämen
niemals auf die Idee, diesen unnötiger Weise zu verkürzen oder gar zu

---

[235] Sūrah (39) az-Zumar, ’Āyah 73.

[236] Sūrah (13) ar-Raʿd, ’Āyah 23; Sūrah (16) an-Naḥl, ’Āyah 32.

unterlassen. Man spricht für seinen Nächsten folgendes Bittgebet und bekommt dieses mindestens auch in gleicher Weise von ihm zurück: „Möge der Frieden, Allāhs Barmherzigkeit und Seine Segnungen [sowie Seine Vergebung] auf dir sein." Was für eine wundervolle Begrüßung und Verabschiedung! Und wie einfach und primitiv ist hingegen ein „Hallo" oder ein „Tschüss"?

Wichtig ist, an dieser Stelle noch deutlicher zu betonen, dass der Friedensgruß sowohl eine Begrüßung als auch eine Verabschiedung ist. In einigen Traditionen werden besonders zur Verabschiedung gerne andere Sätze verwendet wie „fī 'Amānillāh", zu Deutsch „Sei in der Obhut Allāhs", oder „ma'a as-Salāmah", was auf Deutsch „Sei mit der Unversehrtheit" bedeutet. Allāh ﷻ und der Prophet Muḥammad ﷺ haben uns jedoch den Friedensgruß als ein wundervolles Juwel des Paradieses gegeben, das wir anstelle dieser Sätze in unserem Alltag einfügen sollten.

Die Belohnung des Friedensgrußes

Ein Mann kam zum Propheten ﷺ und sagte: *„Der Frieden sei auf euch [As-Salāmu 'alaykum]."* So erwiderte ihm der Prophet ﷺ den Friedensgruß, woraufhin sich [der Mann] setzte. Dann sagte der Prophet ﷺ: „Zehn." Daraufhin kam ein anderer (Mann) zum Propheten ﷺ und sagte: *„Der Frieden sei auf euch und Allāhs Barmherzigkeit [As-Salāmu 'alaykum wa Raḥmatullāh],"* woraufhin er sich setzte. Dann sagte der Prophet ﷺ: „Zwanzig." Daraufhin kam ein anderer (Mann) zum Propheten ﷺ und sagte: *„Der Frieden sei auf euch und (auch) Allāhs Barmherzigkeit und Seine Segnungen [As-Salāmu 'alaykum wa Raḥmatullāhi wa Barakātuh],"* woraufhin er sich setzte. Dann sagte der Prophet ﷺ: „Dreißig."[237]

---

[237] 'Abū Dāwūd (5195), Ḥadīṯ ṣaḥīḥ (al-'Albāniyy); at-Tirmiḏiyy (2689), Ḥadīṯ ḥasan; Wortlaut aus 'Abū Dāwūd.

Daraufhin kam ein anderer Mann und sagte: *„Friede sei auf euch und Allāhs Barmherzigkeit, seine Segnungen und seine Vergebung [As-Salāmu ʿalaykum wa Raḥmatullāhi wa Barakātuhu wa Maġfiratuh].‛* Daraufhin sagte [der Prophet ﷺ]: ,Vierzig. Dies sind die Vorzüge.‛"[238]

Gemeint ist in diesen beiden Überlieferungen, dass derjenige, der als Begrüßung *„As-Salāmu ʿalaykum"* sagt, zehn Ḥasanāt als Belohnung erhält. Derjenige, der *„As-Salāmu ʿalaykum wa Raḥmatullāh"* sagt, bekommt zwanzig Ḥasanāt. Wer *„As-Salāmu ʿalaykum wa Raḥmatullāhi wa Barakātuh"* sagt, erhält dreißig Ḥasanāt; und derjenige, der *„As-Salāmu ʿalaykum wa Raḥmatullāhi wa Barakātuhu wa Maġfiratuh"* sagt, wird mit vierzig Ḥasanāt belohnt. Somit ist die letztgenannte Art der Begrüßung diejenige, die mit dem meisten Lohn verbunden ist.

Die Verbreitung des Friedensgrußes

Es ist vorzüglich, dass man bei jeder Begegnung mit einem Muslim den Friedensgruß spricht, denn der Gesandte Allāhs ﷺ sagte: „Ihr werdet das Paradies nicht betreten, bis ihr glaubt. Und ihr werdet nicht glauben, bis ihr euch gegenseitig liebt. Soll ich euch nicht auf eine Sache hinweisen, aufgrund derer ihr euch lieben werdet, wenn ihr sie ausführt? Verbreitet den Friedensgruß untereinander!"[239]

Dies beschränkt sich nicht nur auf diejenigen, die man kennt, sondern es betrifft genauso auch diejenigen, die man nicht kennt. Denn ein Mann frug den Propheten ﷺ, welche Taten/Vorzüge im Islām die besten sind. Er ﷺ sagte: „Speise (die Armen) und grüße, wen du (von den Muslimen) kennst, und wen du (von den Muslimen) nicht kennst!"[240]

---

[238] Ibn Ḥaǧar al-ʿAsqalāniyy (Miškātu l-Maṣābīḥ (4/314)), Ḥadīṯ ḥasan.

[239] Ṣaḥīḥ Muslim (54), ʾAbū Dāwūd (5193), at-Tirmiḏiyy (2688), Ibn Māǧah (1/71), Ḥadīṯ ṣaḥīḥ; Wortlaut aus Ṣaḥīḥ Muslim.

[240] Ṣaḥīḥ al-Buḫāriyy (28).

Wenn du in einem nichtmuslimischen Land unterwegs bist und auf Menschen stößt, die nach (praktizierenden) Muslimen aussehen, dann traue dich ruhig, sie zu grüßen[241]. Und wenn du in einem Land unterwegs bist, in dem die absolute Mehrheit der Bevölkerung Muslime sind, dann grüß so viele Menschen auf der Straße oder beim Einkaufen – überall – wie du nur kannst. Die ersten paar Male können je nach Persönlichkeit vielleicht etwas Überwindung erfordern, aber nach etwas Anstrengung wird es ganz leicht und es ist wirklich eine schöne Sache – vielleicht sogar eine vergessene Sunnah, die du wiederbelebst.

Die Erwiderung des Friedensgrußes

وَعَلَيْكُمُ السَّلَامُ وَرَحْمَةُ اللهِ وَبَرَكَاتُهُ [وَمَغْفِرَتُهُ]

Wa ʿalaykumu s-Salāmu wa Raḥmatullāhi wa Barakātuhu wa [Maġfiratuh].

Möge der Frieden, Aḷḷāhs Barmherzigkeit, seine Segnungen [und seine Vergebung] auf euch sein.

Aḷḷāh ﷻ sagt im Qurʾān: „Und wenn euch ein Gruß entboten wird, dann grüßt mit einem schöneren Gruß (zurück) oder erwidert ihn (mit einem gleichwertigen Gruß). Gewiss, Aḷḷāh ist über alles ein Abrechner."[242]

Mit dieser ʾĀyah ist gemeint, dass wenn ein Muslim einen mit dem Friedensgruß begrüßt, man entsprechend des im vorigen Unterkapitel „Die Belohnung des Friedensgrußes" genannten Schemas, mindestens mit einem gleichwertigen Gruß erwidern soll. Es ist jedoch besser, einen noch schöneren und mehrwertigeren Gruß zu sagen.

---

[241] Aus Gründen des Anstandes und der Schamhaftigkeit sollten muslimische Männer nur muslimische Männer grüßen und muslimische Frauen nur muslimische Frauen.

[242] Sūrah (4) an-Nisāʾ, ʾĀyah 86.

Um dies an einem Beispiel zu verdeutlichen: Wenn ein Muslim zu einem kommt und einen mit: „As-Salāmu ʿalaykum wa Raḥmatullāh,“ begrüßt, so erwidert man mindestens mit: „Wa ʿalaykumu s-Salāmu wa Raḥmatullāh!“ Nur zu sagen: „Wa ʿalaykumu s-Salām,“ ist zu wenig. Besser ist es jedoch in diesem Fall zu sagen: „Wa ʿalaykumu s-Salāmu wa Raḥmatullāhi wa Barakātuhu [wa Maġfiratuh]!“

Der Vorzug des Betretens des Hauses mit dem Friedensgruß

Das Haus mit dem Friedensgruß zu betreten, mag für viele Muslime vielleicht bereits zum Alltag dazu gehören, dennoch sei der großartige Vorzug dieser Tat erwähnt, damit man den *Salām* auch niemals unterlässt.

Der Prophet ﷺ sagte: „Drei (Arten von Menschen) haben eine Garantie bei Allāh. Wenn er lebt, (dann) ist es ihm genug, und wenn er stirbt, (dann) betritt er das Paradies: Wer sein Haus mit dem Friedensgruß betritt, so hat er eine Garantie bei Allāh, geehrt und majestätisch ist er; und wer (sein Haus) verlässt (und) zur Moschee (geht), so hat er eine Garantie bei Allāh; und wer auf dem Wege Allāhs rausgeht, so hat er eine Garantie bei Allāh.“[243]

Es ist äußerst bemerkenswert, dass das Sprechen des Friedensgrußes beim Betreten des Hauses sogar noch vor dem Gehen zur Mosche und vor dem Ausziehen auf dem Wege Allāhs genannt wird. Aufgrund dieser erstaunlichen Garantie sollte sich jeder Muslim darum bemühen, immer den *Salām* zu sprechen, sobald er sein Haus oder seine Wohnung betritt.

---

[243] ʾAdab al-Mufrad (1094), Ṣaḥīḥ Ibn Ḥibbān (499), Ḥadīṯ ṣaḥīḥ.

Der Lohn des Schüttelns der Hände

Sowohl zur Begrüßung als auch zur Verabschiedung gehört es zum Benehmen eines Muslims, dass man einander die Hände schüttelt; denn der Gesandte Allāhs ﷺ sagte: „Nicht treffen sich zwei Muslime und schütteln einander die Hände, außer dass Allāh ihnen beiden vergibt, bevor sie (wieder) auseinandergehen."[244]

Neben der Tatsache, dass es sich bei dem Schütteln der Hände um eine Sunnah des Propheten ﷺ handelt, sollte die Erkenntnis, dass dies zur Vergebung der Sünden führt, jeden Muslim dazu motivieren, stets einander die Hände sowohl zur Begrüßung als auch zur Verabschiedung zu schütteln.

---

[244] ʾAbū Dāwūd (5212), Ḥadīṯ ṣaḥīḥ (al-ʾAlbāniyy).

Als hätte man einen Hausdiener befreit

Das Befreien eines Hausdieners an sich ist schon eine Tat, die eine große Belohnung mit sich bringt. So ist sie beispielsweise ein Teil der Sühne für das unbeabsichtigte Töten eines Muslims, denn Allāh ﷻ sagt in Seinem edlen Buch:

„Es steht keinem Gläubigen zu, einen (anderen) Gläubigen zu töten, es sei denn aus Versehen. Und wer einen Gläubigen aus Versehen tötet, (der hat) einen gläubigen Hausdiener (zu) befreien und ein Blutgeld an seine Angehörigen auszuhändigen, außer sie erlassen (es ihm) als Almosen. Wenn er [der Getötete] zu einem euch feindlichen Volk gehörte und gläubig war, dann (gilt es,) einen gläubigen Hausdiener zu befreien. Und wenn er zu einem Volk gehörte, zwischen dem und euch ein Abkommen besteht, dann (gilt es,) ein Blutgeld an seine Angehörigen auszuhändigen und einen gläubigen Hausdiener (zu) befreien. Wer aber keine (Möglichkeit) findet, (der hat) zwei aufeinander folgende Monate (ohne Unterbrechung) zu fasten – als eine Reueannahme von Allāh. Und Allāh ist Allwissend und Allweise."[245]

Diese Belohnung – die sogar als Sühneleistung für unbeabsichtigten Totschlag gilt – kann man jedoch nicht nur durch das tatsächliche Befreien eines Hausdieners erlangen, was in der heutigen Zeit ohnehin

---

[245] Sūrah (4) an-Nisā', Vers 92.

nicht mehr möglich ist, da es keine Hausdienerschaft mehr gibt, sondern auch durch das zehnmalige Aufsagen des folgenden Gedenksatzes:

لَا إِلَهَ إِلاَّ اللهُ وَحْدَهُ لَا شَرِيكَ لَهُ، لَهُ الْمُلْكُ وَلَهُ الْحَمْدُ، يُحْيِي وَيُمِيتُ، وَهُوَ عَلَى كُلِّ شَيْءٍ قَدِيرٌ

Lā ʾIlāha ʾillAḷḷāhu waḥdahu lā Šarīka lah, lahu l-Mulku wa lahu l-Ḥamd, yuḥyī wa yumīt, wa huwa ʿalā kulli šay'in Qadīr

**Es gibt keinen anbetungswürdigen Gott außer Aḷḷāh,
er ist allein und hat keinen Partner. Ihm gehört das
Reich und ihm gebührt alles Lob. Er lässt leben und
er lässt sterben und er ist über alles mächtig.**

Der Gesandte Aḷḷāhs ﷺ sagte: „Wer zehnmal sagt: ‚*Es gibt keinen anbetungswürdigen Gott außer Aḷḷāh, er ist allein und hat keinen Partner. Ihm gehört das Reich und ihm gebührt alles Lob. Er lässt leben und er lässt sterben und er ist über alles mächtig, [Lā Ilāha illAḷḷāhu waḥdahu lā Šarīka lah, lahu l-Mulku wa lahu l-Ḥamd, yuḥyī wa yumītu wa huwa ʿalā kulli šay'in Qadīr]*,' (so) ist es für ihn gleich(wertig wie) die Befreiung von vier Nachkommen von 'Ismāʿīl (aus der Hausdienerschaft).“[246]

Die Gelehrten erklären bezüglich dieser Überlieferung, dass die Befreiung der Nachkommen von 'Ismāʿīl aus der Hausdienerschaft noch vorzüglicher ist, als die Befreiung eines normalen Hausdieners.

Des Weiteren sagte der Gesandte Aḷḷāhs ﷺ: „Es ist mir lieber, dass ich von dem Morgengebet an bis die Sonne aufgeht[247] mit Leuten sitze, die Aḷḷāhs gedenken, als vier (Hausdiener von) den Söhnen von 'Ismāʿīl zu befreien. Und es ist mir lieber, dass ich von dem Nachmittagsgebet an

---

[246] Ṣaḥīḥ at-Tirmiḏiyy (al-'Albāniyy) (3553), mit ähnlichem Wortlaut in Ṣaḥīḥ al-Buḫāriyy (6404), Ṣaḥīḥ Muslim (2693), at-Tirmiḏiyy (3553), as-Sunan al-Kubrā (an-Nasā'iyy) (9940), Musnad 'Imām 'Aḥmad (23583), Ḥadīṯ ṣaḥīḥ.

[247] Gemeint ist der Sonnenaufgang. Auf Arabisch: *Šurūq*; auf Türkisch: *Güneş*.

bis die Sonne untergeht[248] mit Leuten sitze, die Aḷḷāhs gedenken, als vier (Hausdiener von) den Söhnen von 'Ismāʿīl zu befreien.“[249]

So Aḷḷāh ﷻ will, wird jeder, der Seiner zwischen dem Morgengebet und dem Sonnenaufgang oder zwischen dem Nachmittagsgebet und dem Sonnenuntergang gedenkt, diese gewaltige Belohnung bekommen – und sogar mehr, weil der Prophet Muḥammad ﷺ sagte, dass „es ihm lieber ist“, was darauf hindeutet, dass es sogar noch vorzüglicher und mit mehr Lohn verbunden ist. Und aḷ-Ḷāh ﷻ weiß es am besten.

---

[248] Gemeint ist das Abendgebet. Auf Arabisch: *Ṣalāt-al-Maġrib*; auf Türkisch: *Akşam Namazı*.

[249] 'Abū Dāwūd (3667), al-Ǧāmiʿ aṣ-Ṣaġīr (as-Suyūṭiyy) (7185), Ḥadīṯ ḥasan.

Das Zufußgehen zum Freitagsgebet

Es gibt eine Tat, über die die Gelehrten wie Ibn Ḫuzaymah und weitere Leute des Wissens sagten, dass sie keine Tat kennen, die mehr Belohnung bringt als diese Tat. Und diese Tat ist das Zufußgehen zum Freitagsgebet unter der Berücksichtigung von ein paar wenigen Bedingungen.

Der Gesandte Aḷḷāhs sagte: „Wer am Freitag *ġassala* und *iġtasala* macht, daraufhin früh losgeht und früh ankommt, zu Fuß geht und kein Transportmittel nutzt, sich dem 'Imām nähert, ihm aufmerksam zuhört und (während der Predigt) keine unbedachte Rede führt, der bekommt für jeden Schritt den Lohn eines Jahres (tagsüber) zu fasten und (nachts) zu beten."[250]

Bezüglich der Formulierung „*ġassala* und *iġtasala*" gibt es unter den Gelehrten verschiedene Meinungen, was damit gemeint ist.

Die erste Meinung besagt, dass damit einmal das Waschen des Kopfes und einmal das Waschen des Körpers gemeint ist. Diese Aussage stützt sich sowohl auf andere Versionen dieser Überlieferung, in denen das

---

[250] 'Abū Dāwūd (345), Ḥadīṯ ṣaḥīḥ; mit ähnlichem Wortlaut in at-Tirmiḏiyy (496), Ḥadīṯ ḥasan.

Waschen des Kopfes explizit erwähnt wurde[251], als auch auf Erklärungen von großen Gelehrten[252].

Die zweite Meinung erklärt den Ḥadīṯ auf sprachlicher Ebene. Das Verb *ġassala* bedeutet demnach: „Jemanden waschend machen." Mit diesem Jemanden ist die Ehefrau gemeint, die der Mann durch Beischlaf dazu bringt, die Ganzkörperwaschung [*Ġusl*] zu vollziehen. Und das Verb *iġtasala* bezieht sich auf den Mann selbst, der ebenfalls die Ganzkörperwaschung [*Ġusl*] nach dem Beischlaf durchführt. Demzufolge wäre der Beischlaf ein weiterer Aspekt, dem man nachgehen müsste, um diesen gewaltigen Lohn zu bekommen. Diese Meinung wird indirekt durch einen Ḥadīṯ gestützt, der die Ganzkörperwaschung nach dem ehelichen Beischlaf ganz konkret mit dem frühen Herausgehen zur Moschee in Verbindung bringt: Der Gesandte Allāhs ﷺ sagte: „Wer sich am Freitag mit der Ganzkörperwaschung aufgrund des Beischlafes wäscht und daraufhin [in der ersten Stunde] (zum Freitagsgebet) geht, (so ist sein Lohn) als hätte er ein massiges Kamel geopfert. Und wer in der zweiten Stunde (zum Freitagsgebet) geht, (so ist sein Lohn) als hätte er eine Kuh geopfert. Und wer in der dritten Stunde (zum Freitagsgebet) geht, (so ist sein Lohn) als hätte er einen Widder geopfert. Und wer in der vierten Stunde (zum Freitagsgebet) geht, (so ist sein Lohn) als hätte er ein Huhn geopfert. Und wer in der fünften Stunde (zum Freitagsgebet) geht, (so ist sein Lohn) als hätte er ein Ei geopfert. Wenn dann der 'Imām heraustritt, (um die Predigt zu halten,) (dann) kommen die Engel(, schließen ihre Bücher) und hören der Rede aufmerksam zu."[253]

---

[251] 'Abū Dāwūd (346), Ḥadīṯ ṣaḥīḥ.

[252] Makḥūl Ibn 'Abd-il-Lāh aš-Šāmiyy ﷺ [in 'Abū Dāwūd (349), Ḥadīṯ ṣaḥīḥ maqṭū'], der ein Tābi'iyy war, oder Sa'īd Ibn 'Abd-il-'Azīz ﷺ [in 'Abū Dāwūd (350), Ḥadīṯ ṣaḥīḥ maqṭū'], der ein Faqīh [Rechtsgelehrter], Muḥaddiṯ [Ḥadīṯgelehrter] und Nachfolger von al-'Awzā'ī ﷺ, einem großen Gelehrten der Tābi' Tābi'īn ﷺ, war.

[253] Ṣaḥīḥ al-Buḫāriyy (881), Ṣaḥīḥ Muslim (850), 'Abū Dāwūd (351), at-Tirmiḏiyy (499) und an-Nasā'iyy (1388), Ḥadīṯ ṣaḥīḥ; mit Hinzufügung in der eckigen Klammer in al-Muwaṭṭả (226).

Beide Erklärungen haben ihre Beweise und sind absolut vertretbar; und Allāh ﷻ weiß es am besten.

Darüber hinaus gibt uns die gerade genannte Überlieferung zwei weitere wichtige Informationen. Diese sind zum einen gesonderte Belohnungen für das frühe Herausgehen – ganz unabhängig von dem Ḥadīṯ, dem dieses Kapitel gewidmet ist, – sowie zum anderen die Erklärung dafür, was in eben genau diesem Ḥadīṯ mit dem *frühen Herausgehen* gemeint ist.

Zuallererst sei erwähnt, dass nicht wörtlich fünf Stunden vor dem Freitagsgebet gemeint sind, sondern fünf gleich große Zeitspannen zwischen Sonnenaufgang [aš-Šurūq] und dem Beginn des Freitagsgebetes.

Wenn wir als Beispiel annehmen, dass der Sonnenaufgang um 06:00 Uhr morgens und das Freitagsgebet um 13:00 Uhr beginnt, dann werden die in unserem Beispiel dazwischen liegenden 7 Stunden in 5 gleichgroße Teile aufgeteilt, was jeweils 84 Minuten – also 1 Stunde und 24 Minuten – entspräche. Der erste dieser fünf Teile wäre demnach in unserem Beispiel um 07:24 Uhr zu Ende, weshalb man dann das Haus bzw. die Wohnung bereits verlassen haben müsste. Und so könnte man immer weiter rechnen.

Nun zu den Belohnungen: Derjenige, der in diesem ersten Teil zwischen dem Sonnenaufgang und dem Freitagsgebet sein Haus oder seine Wohnung verlässt, bekommt den Lohn geschrieben, als hätte er ein massiges Kamel geopfert und dessen Fleisch als *Ṣadaqah* an die Armen verteilt.

Und derjenige, der im zweiten Teil herausgeht, bekommt den Lohn als hätte er eine Kuh geopfert und dessen Fleisch als *Ṣadaqah* an die Armen verteilt.

Wer im dritten Teil herausgeht, erhält den Lohn als hätte er einen Widder geopfert und sein Fleisch an die Armen verteilt.

Derjenige, der sich im vierten Teil aufmacht, bekommt den Lohn, als hätte er ein Huhn geopfert und dessen Fleisch gespendet.

Und wer im fünften Teil herausgeht, erhält den Lohn, als hätte er in Ei als *Ṣadaqah* an die Armen gegeben.

Als zweites liefert dieser Ḥadīṯ auch die Erklärung dafür, was mit dem *frühen Losgehen* in dem Ḥadīṯ gemeint ist, dem dieses Kapitel gewidmet ist: Nämlich das Losgehen im ersten dieser fünf Teile.

Was daraufhin mit dem *frühen Ankommen* gemeint ist, erklären die Gelehrten[254] damit, dass man beabsichtigt, der erste beim Freitagsgebet zu sein. Ob man letztlich dann der Erste wird, ist nachrangig; wichtig ist, dass man es beabsichtigt und sich bemüht hat, es zu sein.

Die beiden Aspekte, dass man *zu Fuß geht und kein Transportmittel* wie ein Reittier, ein Auto oder ein Fahrrad *nutzt*, sind beides weitere Voraussetzungen, um diesen gewaltigen Lohn zu bekommen.

Auch die zwei Bedingungen, sich *dem 'Imām zu nähern* und *ihm aufmerksam zuzuhören* sind wichtige Faktoren. Das bedeutet, dass sowohl jemand, der weit weg vom 'Imām sitzt, ihm aber zuhört, als auch jemand, der sehr nah an ihm sitzt, ihm aber nicht zuhört, diesen zwei Bedingungen nicht nachgekommen sind. Beides sollte man unbedingt beachten.

Abschließend sei noch erklärt, was mit *unbedachter Rede* während des Freitagsgebetes gemeint ist. Der Gesandte Aḷḷāhs ﷺ sagte: „Wer Kieselsteinchen berührt, hat ja gewiss unbedachte Rede geführt."[255]

---

[254] Im arabischen Originaltext stehen die beiden Verben *bakkara* und *ibtakara*, die vom Autor als *früh losgehen* und *früh ankommen* gemäß der erwähnten Erklärung übersetzt wurden. Jedoch gibt es auch in dieser Angelegenheit Meinungsverschiedenheiten unter den Gelehrten. Neben der bereits erwähnten Meinung sagen manche Gelehrte, dass es keinen Unterschied zwischen den beiden Verben gebe und sie dasselbe, nämlich das Rausgehen im ersten der fünf Zeitabschnitte, meinen, und wiederum andere sagen, dass mit *bakkara* gemeint ist, dass man vor dem Verlassen des Hauses spendet, weil es wird berichtet, dass der Prophet Muḥammad ﷺ gesagt habe: *„Seid die Ersten* mit der Spende, denn wahrlich, die Heimsuchung überquert nicht die Spende." (Ibn al-Ğawzī (al-Mawḍūʿāt 2/483)), aber diese Überlieferung ist nicht authentisch. So scheint die im Fließtext genannte Meinung die korrekteste zu sein und Aḷḷāh ﷺ weiß es am besten.

[255] Ibn Māğah (1025), Ḥadīṯ ṣaḥīḥ; auszughaft auch in Ṣaḥīḥ Muslim (857), 'Abū Dāwūd (1050), Ibn Māğah (1090), Ḥadīṯ ṣaḥīḥ, und in at-Tirmiḏiyy (498), Ḥadīṯ

Gemeint ist nicht die bloße Berührung, sondern dass man mit Kieselsteinchen herumspielt, indem man sie beispielsweise herumdreht. Es geht also darum, dass man sich nicht bewusst von der Freitagspredigt abwendet, sondern stillsitzt und dem 'Imām aufmerksam zuhört.

Was heißt das nun für die Praxis?

Da die meisten Arbeitnehmer freitags arbeiten müssen, ist die Umsetzung verständlicherweise nur an Freitagen möglich, an denen man sich frei genommen hat. Man sollte mit seiner Familie sprechen und ihnen diesen großartigen Lohn schildern sowie Alternativen für die Freizeitgestaltung anbieten – dass man dafür beispielsweise mit ihnen am Samstag einen Ausflug macht oder ähnliches –, damit sie einem die nötige Freizeit bereitwillig geben. Nachdem man das Morgengebet [Ṣalāt-ul-Faǧr] – idealerweise in der Moschee[256] – gebetet hat, kehrt man nach Hause zurück und begibt sich zu seiner Ehefrau, um mit ihr den Beischlaf zu vollziehen. Daraufhin vollzieht man die Ganzkörperwaschung, die den *Wuḍū'* ersetzt, isst vielleicht noch etwas zum Frühstück und begibt sich dann noch bevor der erste der fünf Teile abgelaufen ist, zur Moschee. Jetzt könnte man berechtigterweise sagen: „Um dieser Uhrzeit ist die Moschee aber doch noch verschlossen!"

Um diesen Umstand zu lösen, spricht man am besten zuvor nach dem Morgengebet mit dem Moschee-Vorstand, ob sie die Türe aufgeschlossen lassen könnten: „Man geht nur ganz kurz nach Hause und kommt dann direkt wieder und bleibt den ganzen Vormittag in der Moschee." Oder wenn man in der Moschee bekannt ist und der Vorstand einem vertraut, kann man, falls sie die Türe nicht aufgeschlossen lassen wollen, nach dem Schlüssel – nur für diesen Vormittag – fragen. So Allāh will, wird sich schon eine Lösung finden lassen.

ḥasan ṣaḥīḥ.

[256] Der Prophet Muḥammad ﷺ sagte: „Das beste Gebet bei Allāh ist das Morgengebet am Freitag in der Gemeinschaft." ('Abū Nu'aym (Ḥilyat-ul-'Awliyā' (7/207)), al-Bayhaqī (Šu'ab al-'Īmān (3045)), Ḥadīṯ ṣaḥīḥ).

Wenn man in der Moschee angekommen ist, kann man seine Zeit beispielsweise mit dem Rezitieren der Sūrah (18) al-Kahf[257], dem Auswendiglernen oder Wiederholen des Qurʾāns, mit *Ḏikr* wie den *Ṣalawāt*[258], mit dem Vormittagsgebet [Ṣalāt-uḍ-Ḍuḥā][259] oder anderen Anbetungen verbringen.

Wenn dann die Zeit für die Freitagspredigt näher rückt, stellt man sicher, dass man ganz vorne sitzt – sehr gerne direkt vor dem ʾImām, aber bitte so, dass man ihm nicht den Weg versperrt. Sobald die Predigt beginnt, sitzt man ruhig und hört dem ʾImām aufmerksam zu. Man kann seine Sitzposition ohne Probleme ändern, wenn es ungemütlich wird oder einem beispielsweise die Beine einschlafen, das zählt nicht zur *unbedachten Rede*. Und wenn währenddessen die Gedanken ein paarmal unbewusst und unabsichtlich abschweifen, man diese Gedanken aber sofort abbricht, sobald man es merkt, und sich wieder auf die Predigt konzentriert, so stellt auch dies gar kein Problem dar.

Sobald zum Gebet gerufen wird, steht man auf, betet es und man hat es geschafft. Wer mag, kann jetzt noch die Sunnah-Gebete nach dem Freitagsgebet beten und dann geht es auch schon zu Fuß nach Hause. Und „zu Fuß" ist jetzt das Stichwort: Fast alle Bedingungen sind an dieser Stelle erfüllt und können quasi nicht mehr falsch gemacht werden. Es gibt jedoch eine Ausnahme: Das Zufußgehen. Jetzt, wo das Freitagsgebet vorbei ist, steigen die meisten in ihre Autos und fahren davon. Einige von denen, die einen sehen, werden einen jetzt vielleicht fragen, ob man mit ihnen mitfahren möchte. Dies sollte man dankend ablehnen und darauf

---

[257] Der Prophet Muḥammad ﷺ sagte: „Wer die Sūrah (18) al-Kahf am Freitag liest, dem wird Licht zwischen (diesen) beiden Freitagen hell scheinen." (Ṣaḥīḥ at-Tarġīb (al-ʾAlbāniyy) (736), Ḥadīṯ ṣaḥīḥ).

[258] Die Vorzüge der Segenswünsche auf den Propheten Muḥammad ﷺ wurden ab Seite 124 tiefergehend erläutert. Wer mag, kann dorthin zurückblättern.

[259] Der Gesandte Aḷḷāhs ﷺ sagte: „Wer das (freiwillige) Vormittagsgebet [aḍ-Ḍoḥā] (mit) vier (Gebets-einheiten) betet, und vor dem ersten (Gebet) vier (Gebetseinheiten, dem) wird ein Haus im Paradies gebaut." (as-Silsilah aṣ-Ṣaḥīḥah (al-ʾAlbāniyy) (2349), Ǧāmiʿ uṣ-Ṣaġīr (as-Suyūṭī) (8781), Ḥadīṯ ḥasan; al-Muʿǧam al-ʾAwsaṭ (aṭ-Ṭabarānī) (4753)).

achten, wirklich zu Fuß nach Hause zu gehen und kein Transportmittel zu benutzen, denn die Bedingung gilt immer noch und die Belohnung gilt sowohl für die Schritte von Zuhause zur Mosche als auch von der Mosche wieder zurück nach Hause. Ist man dann zuhause angekommen, hat man die Tat vollbracht und – so Allāh will – die großartigen Belohnungen in seinem Buch aufgeschrieben bekommen.

Und wer all das nicht tun konnte, weil er beispielsweise durch die Arbeit, durch die Schule oder andere Verpflichtungen daran gehindert wurde, der sollte immerhin beabsichtigen, all dies getan zu haben, denn der Prophet Muḥammad ﷺ sagte: „Wer eine gute Tat beabsichtigt und sie daraufhin nicht ausführt, dem wird (diese) gute Tat aufgeschrieben. Und wer eine gute Tat beabsichtigt, und sie daraufhin ausführt, dem wird (diese) gute Tat zehn- bis siebenhundertfach aufgeschrieben. Und wer eine schlechte Tat beabsichtigt und sie daraufhin nicht ausführt, dem wird (diese) schlechte Tat nicht aufgeschrieben, und wenn er sie daraufhin ausführt, dann wird ihm (diese) schlechte Tat (nur einmal) aufgeschrieben.“[260]

Möge Allāh ﷻ uns allen mindestens einmal im Leben ermöglichen, diese großartige Tat durchzuführen; möge Er sie von uns annehmen und uns den Lohn siebenhundertfach aufschreiben; und möge Er uns ebenso diese Tat für jedes Mal aufschreiben, wenn wir sie nicht durchführen konnten, aber die Absicht dazu gefasst haben; allāhumma ʾāmīn.

---

[260] Ṣaḥīḥ Muslim (130); mit ähnlichem Wortlaut in Ṣaḥīḥ al-Buḫāriyy (6491 und 7501).

Das Sitzenbleiben zwischen dem Morgengebet und dem Sonnenaufgang

Der Prophet Muḥammad ﷺ sagte: „Wer das Morgengebet in der Gemeinschaft betet, daraufhin Aḷḷāhs gedenkend bis zum Sonnenaufgang sitzenbleibt, daraufhin (ein Gebet aus) zwei Gebetseinheiten betet, (so) ist für ihn (die Belohnung für diese Tat) wie der Lohn einer Ḥaǧǧ und einer ʿUmrah: vollständig, vollständig, vollständig.“[261]

Das Morgengebet in der Gemeinschaft bezeichnet die Verrichtung des Morgengebetes[262] zu seiner festgesetzten Zeit in der Moschee. Das bedeutet, dass das Gebet nicht erst kurz vor Sonnenaufgang[263], sondern kurz nach Beginn seiner Zeit verrichtet wird.

Aḷḷāhs ﷻ *zu gedenken* beschreibt eine Vielzahl an Tätigkeiten wie das Sprechen vom *Tasbīḥ, Taḥmīd, Tahlīl, Takbīr*[264] und vielen weiteren

---

[261] At-Tirmiḏiyy (586), Ḥadīṯ ḥasan ġarīb, Šarḥ as-Sunnah (al-Baġawiyy) (719) und Ṣaḥīḥ al-Ǧāmiʿ (al-ʾAlbāniyy) (6346), Ḥadīṯ ṣaḥīḥ; und aš-Šayḫ Bin Bāz ﵀ sagte: „Es gibt nichts an ihm auszusetzen, (der) Ḥadīṯ ist ḥasan, es gibt nichts an ihm auszusetzen.“

[262] Auf Arabisch: *Ṣalāt-aṣ-Ṣubḥ* oder *Ṣalāt-al-Faǧr* oder *al-Ġadāh* [wie im originalen arabischen Wortlaut der Überlieferung]; auf Türkisch: *Sabah Namazı*.

[263] Auf Arabisch: *Šurūq*; auf Türkisch: *Güneş*.

[264] Diese werden im Kapitel „Der Vorzug des Gedenkens an Aḷḷāh (aḏ-Ḏikr)“ ab Seite 112 näher erläutert.

’Aḏkār wie den *’Aḏkār vom Morgen* sowie die Rezitation des Qur’āns oder das Beschäftigen mit islamischem Wissen.

Bezüglich des *Sitzenbleibens* gibt es verschiedene Interpretationen unter den Gelehrten, was genau damit gemeint ist.

Die strengste Meinung besagt, dass dies vorschreibt, dass man in der Position sitzenbleibt, in der man das Gebet mit dem *Taslīm*[265] beendet hat und sich nicht weiter rührt. Erst sobald die Zeit für die zwei Gebetseinheiten gekommen ist, darf man sich wieder bewegen: Also aufstehen und sofort beten.

Die mittlere Meinung besagt, dass mit *Sitzenbleiben* das gemeint ist, was jeder Mensch sprachlich unter Sitzenbleiben verstehen würde. Wenn jemand seine Sitzposition wechselt, sich beispielsweise nach dem Gebet in den Schneidersitz setzt, aber die ganze Zeit unten bleibt und nicht aufsteht, würde dann jemand sagen, dass er aufgestanden ist? Man würde doch er sagen, dass er sitzengeblieben ist, oder? Wenn aber jemand über den Boden krabbelt, um sich beispielsweise gegen eine Wand oder gegen eine Säule zu setzen, würde man dann sagen, dass er sitzengeblieben ist? Vermutlich eher nicht, oder? Es geht also darum, dass man an dem Platz bleibt, an dem man das Morgengebet verrichtet hat, ohne aufzustehen oder auch ohne sich hinzulegen.

Die lockerste Meinung besagt, dass das *Sitzenbleiben* als *Verweilen* zu verstehen ist. Damit ist einfach gemeint, dass man die Moschee nicht verlässt, weil sie der Ort ist, an dem man das Morgengebet verrichtet hat. Somit kann man sich innerhalb der Moschee frei bewegen. Dies ist auch die Meinung von großen Gelehrten wie Ibn Raǧab ﷴ in seinem Werk Fatḥ-ul-Bārī und Ibn Baṭṭah ﷴ.

Alle drei Meinungen haben ihre Herleitung und sind absolut vertretbar. Unabhängig davon, welcher Meinung wir nun folgen, hoffen wir auf diesen gewaltigen Lohn. Und Allāh ﷻ weiß es am besten.

---

[265] Das Sagen von „As-Salāmu ‘alaykum wa Raḥmatullāh" jeweils nach rechts und links zum Beenden des Gebetes.

Das *Gebet aus zwei Gebetseinheiten* nach dem Sonnenaufgang beschreibt das freiwillige Vormittagsgebet [Ṣalāt-aḍ-Ḍuḥā] und kein eigenes neues Gebet. Dieses wird allerdings nicht punktgenau ab der Zeit des Sonnenaufgangs[266], sondern erst zehn bis fünfzehn Minuten danach gebetet.[267] Diese Zeit kann man ebenso mit dem Sprechen von ʾAḏkār oder der Rezitation des Qurʾāns füllen.

Als Hinzufügung sei an dieser Stelle noch erwähnt, dass wenn man noch weitere zwei und somit insgesamt vier Gebetseinheiten für Ṣalāt-ad-Ḍuḥā betet, man die erste von zwei Bedingungen erfüllt hat, damit Allāh ﷻ einem ein Haus im Paradies baut; denn der Gesandte Allāhs ﷺ sagte: „Wer das (freiwillige) Vormittagsgebet [aḍ-Ḍuḥā] (mit) vier (Gebetseinheiten) betet, und vor dem ersten (Gebet)[268] vier (Gebetseinheiten, dem) wird ein Haus im Paradies gebaut."[269]

Eigentlich ist die beste Zeit für Ṣalāt-aḍ-Ḍuḥā genau die Mitte zwischen Sonnenaufgang und Mittag[270], aber wenn man bereits abschätzen kann, dass man es nicht zu dieser Zeit beten wird, dann ist es besser, die beiden weiteren Gebetseinheiten zusammen mit den hier erwähnten zwei nach dem Sonnenaufgang zu verrichten. Und Allāh ﷻ weiß es am besten.

Des Weiteren verbindet der Gelehrte Ibn Raǧab ﷻ die Erklärung bezüglich des Sitzenbleibens in der Moschee und dem damit verbundenen Gedenken Allāhs ﷻ zwischen dem Morgengebet und

---

[266] Arabisch: *Šurūq*; Türkisch: *Güneş*.

[267] Aš-Šarḥ al-Mumtiʿ ʿalā Zād al-Mustaqniʿ von aš-Šayḫ Ibn ʿUṯaymīn (4/122).

[268] Gemeint ist das Mittagsgebet. Auf Arabisch: *Ṣalāt-aẓ-Ẓuhur*. Und auf Türkisch: *Öğle Namazı*.

[269] as-Silsilah aṣ-Ṣaḥīḥah (al-ʾAlbāniyy) (2349), Ǧāmiʿ uṣ-Ṣaġīr (as-Suyūṭī) (8781), Ḥadīṯ ḥasan; al-Muʿǧim al-ʾAwsaṭ (aṭ-Ṭabarānī) (4753).

[270] Ṣaḥīḥ Muslim (748) und al-Ǧāmiʿ aṣ-Ṣaġīr (as-Suyūṭiyy) (5055), Ḥadīṯ ṣaḥīḥ; mit entsprechender Erklärung in Maǧmūʿ al-Fatāwā von aš-Šayḫ Bin Bāz (11/395).

dem Sonnenaufgang mit der Vorzüglichkeit des Sitzenbleibens in der Moschee und dem damit verbundenen Gedenken Aḷḷāhs ﷻ zwischen dem Nachmittags- und dem Abendgebet.

Der Gesandte Aḷḷāhs ﷺ sagte nämlcih: „Es ist mir lieber, dass ich von dem Morgengebet an bis die Sonne aufgeht mit Leuten sitze, die Aḷḷāhs gedenken, als vier (Hausdiener von) den Söhnen von ’Ismāʿīl zu befreien. Und es ist mir lieber, dass ich von dem Nachmittagsgebet an bis die Sonne untergeht[271] mit Leuten sitze, die Aḷḷāhs gedenken, als vier (Hausdiener von) den Söhnen von ’Ismāʿīl zu befreien.“[272]

Aufgrund dieser gewaltigen Aussage hoffen wir zusätzlich zu der Belohnung einer ʿUmrah und einer Ḥaǧǧ auf die Belohnung, vier Hausdiener von den Söhnen von ’Ismāʿīl ﷺ befreit zu haben, und sogar auf noch mehr[273].

Was ist aber nun, wenn man in dieser Zeitspanne auf Toilette gehen muss; ist dann dieser gewaltige Lohn verloren?

Nein, dies ist gar kein Problem. Der ’Islām ist keine unmenschliche Religion und die Grundbedürfnisse des Menschen werden geachtet. Wenn man seine Notdurft verrichten muss, dann begibt man sich auf geradem Wege dorthin, versucht, nicht zu trödeln, kehrt wieder zurück an den Ort, an dem man gebetet hat – je nach Meinung, nach der man geht, bezeichnet das wie bereits beschrieben entweder die konkrete Stelle im Gebetsraum, an der man gebetet hat, oder den gesamten Gebetsraum – und nimmt das Gedenken Aḷḷāhs ﷻ wieder auf. So sollte dieser gewaltige Lohn mit Aḷḷāhs Erlaubnis nicht verloren gehen. Und Aḷḷāh ﷻ weiß es am besten.

---

[271] Gemeint ist das Abendgebet. Auf Arabisch: *Ṣalāt-al-Maġrib*; auf Türkisch: *Akşam Namazı*.

[272] ’Abū Dāwūd (3667), al-Ǧamiʿ aṣ-Ṣaġīr (as-Suyūṭiyy) (7185), Ḥadīṯ ḥasan.

[273] Weil der Prophet Muḥammad ﷺ sagte, dass „es ihm lieber ist“, was darauf hindeutet, dass es sogar noch vorzüglicher und mit mehr Lohn verbunden ist. Und Aḷḷāh ﷻ weiß es am besten.

Was kann eigentlich eine Frau machen, um diesen Lohn zu bekommen, wenn sie das Morgengebet zuhause[274] betet?

Für sie gilt zuhause dasselbe wie für den Mann in der Moschee: Sie bleibt nach dem Morgengebet, was sie am Anfang der Zeit verrichtet hat, bis zum Sonnenaufgang sitzen – je nach Meinung, nach der sie geht, bezeichnet das entweder den konkreten Platz, an dem sie gebetet hat, oder den Raum, in dem sie gebetet hat – und verrichtet kurz darauf ein Gebet aus zwei Gebetseinheiten; so hat sie mit der Erlaubnis Allāhs ﷻ denselben Lohn. Und Allāh ﷻ weiß es am besten.

---

[274] An dieser Stelle sei betont, dass die Frau grundsätzlich in der Moschee beten darf und nichts Falsches daran ist, wenn sie in der Moschee betet; denn der Prophet Muḥammad ﷺ hat es den Männern verboten, ihren Ehefrauen zu untersagen, in die Moschee zu gehen (Ṣaḥīḥ Muslim (442), 'Abū Dāwūd (566, 567), Ḥadīṯ ṣaḥīḥ), selbst wenn es Nacht ist (Ṣaḥīḥ al-Buḫāriyy (865)). Dennoch sei erwähnt, dass es für die Frau besser ist, zuhause zu beten, weil sie für das Gebet zuhause mehr Lohn bekommt, als wenn sie das Gebet in der Moschee verrichten würde ('Abū Dāwūd (567), Ḥadīṯ ṣaḥīḥ).

Ein Haus im Paradies

Es gibt eine ganze Reihe an Taten, die demjenigen, der sie durchführt, Häuser im Paradies einbringen. Diese werden im Folgenden thematisiert.

Das Unterlassen des Streitens, des Lügens und das Verbessern des Charakters

Der Gesandte Allāhs ﷺ sagte: „Ich garantiere ein Haus im äußeren Paradies für denjenigen, der das Streiten unterlässt, selbst wenn er im Recht ist; und ein Haus in der Mitte des Paradieses für denjenigen, der das Lügen unterlässt, selbst wenn es nur aus Spaß ist; und ein Haus im höchsten Paradies für denjenigen, der seinen Charakter verbessert."[275]

Die ersten beiden Punkte sind ziemlich selbsterklärend, doch der dritte übersteigt leider den Rahmen dieses Buches.

---

[275] ’Abū Dāwūd (4800), Ṣaḥīḥ at-Tarġīb (2648), Ḥadīṯ ḥasan (al-’Albāniyy); Taḥqīq Riyāḍ uṣ-Ṣāliḥīn (264), Madāriġ us-Sālikīn (3/72), Ḥadīṯ ṣaḥīḥ.

Das Bauen einer Moschee

Der Gesandte Allāhs ﷺ sagte: „Wer eine Moschee baut, in der Allāhs gedacht wird, dem baut Allāh, majestätisch und erhaben ist Er, ein Haus im Paradies."[276]

Ebenso sagte der Gesandte Allāhs ﷺ: „Wer für Allāh eine Moschee baut (sei sie auch so groß) wie das Nest eines Spatzes oder kleiner, dem baut Allāh ein Haus im Paradies."[277]

Es ist verständlich, dass man in den seltensten Fällen die Möglichkeit dazu hat, eine komplette Moschee allein zu bauen oder zu finanzieren. Aber das ist überhaupt nicht schlimm! Versuche einfach, den Teil, den du erfüllen kannst, sei es an tatkräftiger oder an finanzieller Unterstützung, beizutragen.

Das Schließen einer Lücke in einer Gebetsreihe

Der Prophet Muḥammad ﷺ sagte: „Wer eine Lücke (in einer Gebetsreihe) schließt, dem baut Allāh ein Haus im Paradies und erhöht ihn mit ihm um (Paradies-)Stufen."[278]

Dieses ist vielleicht die einfachste Möglichkeit, um ein Haus im Paradies zu bekommen. Wenn sich die Muslime zum Gebet in einer Reihe aufstellen und man sieht eine Lücke zwischen zwei Geschwistern in der Reihe vor einem, dann geht man einfach nach vorne und stellt sich in diese Lücke. Allein dafür bekommt man mit Allāhs Erlaubnis ein Haus im Paradies. Besonders am Freitag, bei Festgebeten oder bei den

---

[276] an-Nasāʾiyy (688), Ibn Māǧah (735), Ḥadīṯ ṣaḥīḥ; mit ähnlichem Wortlaut in Ṣaḥīḥ Muslim (533), at-Tirmiḏiyy (415), ʾAbū Dāwūd (1250), Musnad ʾImām ʾAḥmad (26768).

[277] Ibn Māǧah (738), Ḥadīṯ ṣaḥīḥ.

[278] as-Silsilah aṣ-Ṣaḥīḥah (al-ʾAlbāniyy) (1892), Ḥadīṯ ṣaḥīḥ; mit ähnlichem Wortlaut in Ṣaḥīḥ at-Tarġīb (al-ʾAlbāniyy) (505), Ḥadīṯ ṣaḥīḥ.

freiwilligen Nachtgebeten im Ramaḍān[279] hat man in der Regel häufig die Möglichkeit dazu, dies durchzuführen.

Das beten von zwölf freiwilligen Gebetseinheiten [Raka'āt], den *Nāfilah-Gebeten*

Der Gesandte Allāhs ﷺ sagte: „Wer am Tage und in der Nacht zwölf Gebetseinheiten betet, dem wird ein Haus im Paradies gebaut: vier (Gebetseinheiten) vor dem Mittagsgebet[280], zwei Gebetseinheiten nach ihm, zwei Gebetseinheiten nach dem Abendgebet[281], zwei Gebetseinheiten nach dem Nachtgebet[282] und zwei Gebetseinheiten vor dem Morgengebet[283]."[284]

In einer anderen Überlieferung lautet die Aufzählung jedoch anders: „Zwölf Gebetseinheiten [*Raka'āt*], wer sie betet, dem baut Allāh ein Haus im Paradies: vier Gebetseinheiten vor dem Mittagsgebet, zwei nach dem Mittagsgebet, zwei Gebetseinheiten vor dem Nachmittagsgebet[285], zwei Gebetseinheiten nach dem Abendgebet und zwei Gebetseinheiten vor dem Morgengebet."[286]

Beide Überlieferungen sind authentisch, jedoch ist die erste Art und Weise am bekanntesten und am meisten vertreten. Mit Allāhs Erlaubnis kann man beide Varianten durchführen und erhält dafür ein Haus im Paradies.

---

[279] Arabisch: *Ṣalāt-ut-Tarāwīḥ*. Türkisch: *Terâvih Namazı*.

[280] Arabisch: *Ṣalāt-aẓ-Ẓuhur*; Türkisch: *Öğle Namazı*.

[281] Arabisch: *Ṣalāt-al-Maġrib*; Türkisch: *Akşam Namazı*.

[282] Arabisch: *Ṣalāt-al-'Išā'*; Türkisch: *Yatsı Namazı*.

[283] Arabisch: *Ṣalāt-al-Faǧr* oder *Ṣalāt-aṣ-Ṣubḥ*; Türkisch: *Sabah Namazı*.

[284] at-Tirmiḏiyy (415), Ḥadīṯ ṣaḥīḥ; mit ähnlichem Wortlaut in Ṣaḥīḥ Muslim (728) 'Abū Dāwūd (1250), an-Nasā'iyy (1796), Ḥadīṯ ṣaḥīḥ.

[285] Arabisch: *Ṣalāt-al-'Aṣr*; Türkisch: *İkindi Namazı*.

[286] an-Nasā'iyy (1801), Ḥadīṯ ṣaḥīḥ.

Ob derjenige, der beide Varianten kombiniert, indem er zwei Gebetseinheiten vor dem Morgengebet, vier vor dem Mittagsgebet, zwei nach ihm, zwei vor dem Nachmittagsgebet, zwei nach dem Abendgebet und zwei nach dem Nachtgebet betet und somit insgesamt vierzehn Gebetseinheiten verrichtet, dafür zwei Paläste gebaut bekommt, weiß Aḷḷāh ﷻ allein. Aber wir hoffen auf Seine Barmherzigkeit und Seine Großzügigkeit.

Bezüglich der Rechnung der Häuser im Paradies für das Verrichten dieser freiwilligen Gebete, die „*Nāfilah*-Gebete" genannt werden, gibt es eine Meinungsverschiedenheit unter den Gelehrten:

Manche sagen, dass damit gemeint ist, dass derjenige, der sein ganzes Leben lang diese freiwilligen Gebetseinheiten betet, ein Haus im Paradies bekommt. Diese Meinung wird von dem folgenden Ḥadīṯ gestützt: „Kein Diener betet für Aḷḷāh **jeden Tag** zwölf Gebetseinheiten, freiwillig und ohne Pflicht, außer (dass) Aḷḷāh ihm ein Haus im Paradies baut, oder: außer dass ihm ein Haus im Paradies gebaut wird: vier (Gebetseinheiten) vor dem Mittagsgebet, zwei Gebetseinheiten nach ihm, zwei Gebetseinheiten nach dem Abendgebet, zwei Gebetseinheiten nach dem Nachtgebet und zwei Gebetseinheiten vor dem Morgengebet."[287]

Die andere Meinung sagt jedoch, dass der Prophet ﷺ in den meisten Überlieferungen nur von zwölf Gebetseinheiten innerhalb von einem (einzigen) Tag und einer (einzigen) Nacht gesprochen hat und dementsprechend auch so gezählt wird.

Aḷḷāh ﷻ ist al-Ġaniyy, der Reiche, und al-Karīm, der Großzügige und Edle; deshalb denken wir gut über Ihn und hoffen auf die tägliche Zählung; und Aḷḷāh ﷻ weiß es am besten.

---

[287] Ṣaḥīḥ Muslim (728), Ṣaḥīḥ at-Tarġīb (al-'Albāniyy) (579), Ḥadīṯ ṣaḥīḥ.

Das (freiwillige) Vormittagsgebet aus vier Gebetseinheiten und vier (freiwillige) Gebetseinheiten vor dem Mittagsgebet

Der Gesandte Aḷḷāhs ﷺ sagte: „Wer das (freiwillige) Vormittagsgebet [aḍ-Ḍuḥā] (mit) vier (Gebetseinheiten) betet, und vor dem ersten (Gebet) vier (Gebetseinheiten, dem) wird ein Haus im Paradies gebaut."[288]

ʾImām Muḥammad al-Manāwī ﷺ erklärt in seinem Buch ‚Fayḍ ul-Qadīr‘, dass mit dem sogenannten „ersten Gebet" das Mittagsgebet gemeint ist, weil es das erste Gebet ist, welches in der Nacht- und Himmelsreise [al-ʾIsrāʾ wa l-Miʿrāǧ] verpflichtet wurde.

Somit wird dem Betenden schon ein Haus im Paradies gebaut, wenn er vier Gebetseinheiten als Vormittagsgebet und vier Gebetseinheiten vor dem Mittagsgebet betet – unabhängig von den anderen acht der bekannten zwölf *Nāfilah*-Gebete, die gerade eben erwähnt wurden; und Aḷḷāh ﷺ weiß es am besten.

Das zehnmalige Lesen von Sūrah (112) al-ʾIḫlāṣ

Der Prophet ﷺ sagte: „Wer ‚Qul huwAḷḷāhu ʾaḥad‘ [Sūrah (114) al-ʾIḫlāṣ] zehnmal liest, dem baut Aḷḷāh ein Haus im Paradies."[289]

Wie der Prophet ﷺ sagte, bezieht sich dieser Lohn auf die Anzahl der Rezitationen. Wenn eine Person zehnmal Sūrah (114) al-ʾIḫlāṣ rezitiert, so wird ihr ein Haus im Paradies gebaut. Wenn demnach eine Person hundertmal Sūrah (114) al-ʾIḫlāṣ rezitiert, so werden ihr mit Aḷḷāhs Erlaubnis zehn Häuser im Paradies gebaut.

Darüber hinaus hat Sūrah (114) al-ʾIḫlāṣ einen weiteren Vorzug, denn vom Propheten ﷺ wird berichtet, dass er sagte: „Versagt einer von euch

---

[288] as-Silsilah aṣ-Ṣaḥīḥah (al-ʾAlbāniyy) (2349), Ǧāmiʿ uṣ-Ṣaġīr (as-Suyūṭī) (8781), Ḥadīṯ ḥasan; al-Muʿǧim al-ʾAwsaṭ (aṭ-Ṭabarānī) (4753).

[289] Ṣaḥīḥ al-Ǧāmiʿ (al-ʾAlbāniyy) (6472), Ḥadīṯ ṣaḥīḥ.

(dabei), in der Nacht ein Drittel des Qur'āns zu lesen?" [Die Ṣaḥābā] sagten: „Und wie liest man ein Drittel des Qur'āns?" Er ﷺ sagte: „‚Qul huwAḷḷāhu 'aḥad' [Sūrah (114) al-'Iḫlāṣ] entspricht einem Drittel des Qur'āns."[290]

Bezüglich dieses Ḥadīṯes gibt es unter den Gelehrten zum einen die Meinung, dass die Bedeutung von Sūrah (114) al-'Iḫlāṣ der Bedeutung eines Drittels des Qur'āns entspricht; und zum anderen, dass auch der Lohn der Rezitation dieser Sūrah dem Lohn der Rezitation eines Drittels des Qur'āns entspricht. Und Aḷḷāh ﷻ weiß es am besten.

Das Bittgebet beim Betreten des Marktes

لَا إِلَـهَ إِلَّا اللهُ وَحْدَهُ لَا شَرِيكَ لَهُ، لَهُ الْمُلْكُ وَلَهُ الْحَمْدُ، يُحْيِي وَيُمِيتُ وَهُوَ حَيٌّ لَا يَمُوتُ، بِيَدِهِ الْخَيْرُ وَهُوَ عَلَى كُلِّ شَيْءٍ قَدِيرٌ

Lā 'Ilāha 'illAḷḷāhu waḥdahu lā Šarīka lah, lahu l-Mulku wa lahu l-Ḥamd, yuḥyī wa yumītu wa huwa Ḥayyun lā yamūt, bi Yadihi l-Ḫayru wa huwa ʿalā kulli šay'in Qadīr.

Es gibt keinen anbetungswürdigen Gott außer Aḷḷāh, Er ist allein und hat keinen Partner. Ihm gehört die Herrschaft und Ihm gebührt alles Lob. Er lässt leben und Er lässt sterben und Er (selbst) ist (aber) ewig lebend und stirbt nie. In Seiner Hand befindet sich das Gute und Er ist über alles mächtig.

Der Prophet ﷺ sagte: „Wer <u>den Markt betritt und sagt</u>: ‚*Es gibt keinen anbetungswürdigen Gott außer Aḷḷāh, Er ist allein und hat keinen Partner. Ihm gehört die Herrschaft und Ihm gebührt alles Lob. Er lässt leben und Er lässt sterben und Er (selbst) ist ewig lebend und stirbt nie. In Seiner Hand ist das Gute und Er ist über alles mächtig,'* dem schreibt

---

[290] Ṣaḥīḥ Muslim (811), mit ähnlichem Wortlaut in Ṣaḥīḥ al-Buḫāriyy (5015), at-Tirmiḏiyy (2900), Ḥadīṯ ṣaḥīḥ.

Allāh eine Million *Ḥasanāt* [gute Taten], löscht eine Million *Sayyi'āt* [Sünden], erhebt ihn um eine Million Paradiesstufen und baut ihm ein Haus im Paradies."[291]

Diese gewaltige Belohnung erhält derjenige, der dieses Bittgebet spricht, während er einen (Super-)Markt betritt.

In einer anderen Überlieferung sagte der Prophet ﷺ: „Wer im Markt sagt: ,*Es gibt keinen anbetungswürdigen Gott außer Allāh, Er ist allein und hat keinen Partner. Ihm gehört die Herrschaft und Ihm gebührt alles Lob. Er lässt leben und Er lässt sterben und Er (selbst) ist ewig lebend und stirbt nie. In Seiner Hand ist das Gute und Er ist über alles mächtig,'* dem schreibt Allāh eine Million *Ḥasanāt* [gute Taten] und löscht eine Million *Sayyi'āt* [Sünden] und baut ihm ein Haus im Paradies."[292]

Diese Belohnung erhält derjenige, der sich im (Super-)Markt befindet, für jedes Mal, wenn er diesen *Ḏikr* ausspricht. Wenn man sich also beim Einkaufen Zeit lässt und diesen *Ḏikr* beispielsweise einhundertmal sagt, so kann man darauf hoffen, dass Allāh ﷻ einem einhundert Millionen *Ḥasanāt* [gute Taten] gutschreibt, einem einhundert Millionen *Sayyi'āt* [Sünden] löscht und einem einhundert Häuser im Paradies baut.

Jetzt stellt man sich natürlich die Frage, wie es dazu kommt, dass dieses Bittgebet einen so gewaltigen Lohn zur Folge hat. Die Antwort darauf liefert der folgende Ḥadīṯ: Wahrlich, der Gesandte Allāhs ﷺ sagte: „Die bei Allāh beliebtesten Orte sind die Moscheen; und die bei Allāh verhasstesten Orte sind die Märkte."[293]

Die Moscheen sind die Orte, die von Allāh ﷻ am meisten geliebt werden, weil die Menschen in ihnen Seiner gedenken. Und mit den Märkten ist es genau umgekehrt: Allāh ﷻ sind sie am meisten verhasst, weil die Menschen in ihnen abgelenkt sind und Ihn nur kaum oder sogar

---

[291] Ṣaḥīḥ al-Ǧāmiʿ (6231), Ḥadīṯ ḥasan (al-Albānī).

[292] Tirmiḏiyy (3429), Ḥadīṯ ḥasan (al-Albānī – Ṣaḥīḥ at-Tirmiḏiyy [3429]); Ibn Māǧah (2235), 'Aḥmad (327).

[293] Ṣaḥīḥ Muslim (671).

gar nicht erwähnen. Aus diesem Grund ist der Lohn derjenigen, die Allāh ﷻ dennoch in den Märkten gedenken so gewaltig.

Jedoch ist es genauso auch umgekehrt, denn „ʿAbduḷḷāh Ibn ʿAmr Ibn al-ʿĀs ﷺ berichtete, dass der Gesandte Allāhs ﷺ das Kaufen und Verkaufen in der Moschee verbot, sowie (auch) das singende Rezitieren eines Gedichtes (in ihr); und er verbot das Bilden eines Rings[294] vor dem Freitagsgebet."[295] Deswegen kaufe oder verkaufe nichts drinnen in der Moschee, sondern gehe dafür nach draußen, auch wenn es wohlriechende Düfte oder islamische Bücher sind. Und Allāh ﷻ weiß es am besten.

---

[294] Gemeint sind *Runden des Wissens*, also Unterrichte.

[295] ʾAbū Dāwūd (1079), Ḥadīṯ ḥasan (al-ʾAlbāniyy); mit ähnlichem Wortlaut in at-Tirmiḏiyy (322, 1321), Ibn Māǧah (749), an-Nasāʾiyy (714), Ḥadīṯ ḥasan.

Das Betreten des Paradieses
durch welches Tor man will

Das Paradies besitzt acht Tore, durch die die Paradiesbewohner gehen, um sich in der ewigen und vollkommenen Wohnstätte niederzulassen. Im Allgemeinen betritt man das Tor, welches seinen Taten entspricht. Hat man beispielsweise regelmäßig gefastet, betritt man das Paradies – so Allāh ﷻ will – durch das Tor des Fastens, welches den Namen *ar-Rayyān*[296] trägt. Jedoch gibt es Taten, die es ermöglichen, selbst zu entscheiden, durch welches dieser acht Tore man hindurch gehen will, um das Paradies zu betreten.

Das erste Mittel, um dieses großartige Ziel zu erreichen, ist das folgende Bittgebet beziehungsweise Bekenntnis:

أَشْهَدُ أَنْ لَا إِلَهَ إِلَّا اللهُ وَحْدَهُ لَا شَرِيكَ لَهُ وَأَنَّ مُحَمَّدًا عَبْدُهُ وَرَسُولُهُ وَأَنَّ عِيسَى عَبْدُ اللهِ وَابْنُ أَمَتِهِ وَكَلِمَتُهُ أَلْقَاهَا إِلَى مَرْيَمَ وَرُوحٌ مِنْهُ وَأَنَّ الْجَنَّةَ حَقٌّ وَأَنَّ النَّارَ حَقٌّ

'Ašhadu 'an lā 'Ilāha 'illa ḷ-Ḷāhu waḥdahu lā šarīka lah, wa 'anna Muḥammadan 'Abduhu wa Rasūluhu, wa 'anna 'Īsā 'Abd-uḷ-Ḷāhi wa-Bnu 'Amatihi wa Kalimatuhu 'alqāhā 'ilā Maryama wa-Rūḥun minhu, wa 'anna l-Ğannata ḥaqqun, wa 'anna n-Nāra ḥaqqun.

---

[296] an-Nasāʾiyy (2237), Ḥadīṯ ṣaḥīḥ.

Ich bezeuge, dass es keinen anbetungswürdigen Gott
gibt außer Aḷḷāh, Der alleine ist und keinen Partner
hat, und dass Muḥammad Sein Diener und Gesandter
ist, und dass ʿĪsā [Jesus] der Diener Aḷḷāhs und der Sohn
Seiner Dienerin sowie Sein Wort ist, das Er zu Maryam
[Maria] übermittelte, und eine Seele von Ihm ist, und
dass das Paradies sowie das (Höllen-)Feuer wahr sind.

Der Prophet Muḥammad ﷺ sagte: „Wer sagt: ‚*Ich bezeuge, dass es keinen
anbetungswürdigen Gott gibt außer Aḷḷāh, Der alleine ist und keinen
Partner hat, und dass Muḥammad Sein Diener und Gesandter ist, und
dass ʿĪsā [Jesus] der Diener Aḷḷāhs und der Sohn Seiner Dienerin sowie
Sein Wort ist, dass Er zu Maryam [Maria] übermittelte, und eine Seele
von Ihm ist, und dass das Paradies sowie das (Höllen-)Feuer wahr sind,‘*
den lässt Aḷḷāh (das Paradies) durch jenes der acht Paradiestore betreten,
(durch das er gehen) will.“[297]

Der zweite Weg, um dies zu erlangen, ist ebenso ein Bittgebet. Und
zwar folgendes Bittgebet nach der Gebetswaschung [al-Wuḍūʾ]:

أَشْهَدُ أَنْ لَا إِلَهَ إِلَّا اللّهُ وَأَشْهَدُ أَنَّ مُحَمَّدًا عَبْدُهُ وَرَسُولُهُ

ʾAšhadu ʾan lā ʾIlāha ʾilla ḷ-Ḷāhu wa ʾašhadu ʾanna
Muḥammadan ʿAbduhu wa Rasūluhu

Ich bezeuge, dass es keinen anbetungswürdigen
Gott gibt, außer Aḷḷāh; und ich bezeuge, dass
Muḥammad Sein Diener und Gesandter ist.

Der Gesandte Aḷḷāhs ﷺ sagte: „Wer die Gebetswaschung auf eine gute
Art und Weise durchführt und (im Anschluss) sagt: ‚*Ich bezeuge, dass es
keinen anbetungswürdigen Gott gibt, außer Aḷḷāh; und ich bezeuge, dass
Muḥammad Sein Diener und Gesandter ist,‘* dem werden (die) acht Tore

---

[297] Ṣaḥīḥ Muslim (28), Ṣaḥīḥ al-Buḫāriyy (3435).

des Paradieses geöffnet. (Daraufhin) betritt er (es durch) welches (Tor) er will."[298]

Als Hinzufügung sei noch eine weitere großartige Belohnung hinsichtlich der Gebetswaschung erwähnt: Der Gesandte Aḷḷāhs ﷺ sagte: „Wer die Gebetswaschung genauso wie diese meine Gebetswaschung vollzieht, daraufhin (ein Gebet aus) zwei Gebetseinheiten betet und zwischen beiden [der Gebetswaschung und dem Gebet] mit niemandem redet, dem werden (all) seine vorher begangenen (kleinen) Sünden vergeben."[299]

Wer also die Gebetswaschung auf eine gute Art und Weise durchführt, das Bittgebet spricht und daraufhin ohne mit jemandem zu sprechen ein Gebet aus zwei Gebetseinheiten betet, der bekommt als Lohn, dass er das Paradies durch das Tor seiner Wahl betreten darf und dass ihm all seine Sünden vergeben werden. Was für ein großartiger Lohn für eine so leichte Tat, die man innerhalb von zehn bis fünfzehn Minuten vollbringen kann.

Und das Großartige hieran ist, dass dies ein Grund dafür sein kann, dass man das Paradies betritt. Denn eines Tages frug der Gesandte Aḷḷāhs ﷺ seinen Gefährten Bilāl ؓ zur Zeit des Morgengebetes: „Oh Bilāl, berichte mir von der vorzüglichsten Tat, die du (in deiner Zeit) im 'Islām gemacht hast; denn ich habe gewiss deine Schritte vor mir im Paradies gehört." Darauf antwortete Bilāl ؓ: „Ich habe keine vorzügliche Tat durchgeführt, (die) mir (als solche erscheint), außer dass ich die rituelle Reinigung zu einer nächtlichen oder täglichen Stunde nicht durchführte, außer dass ich mit dieser Reinheit das (an Gebetseinheiten) betete, was für mich geschrieben ist, dass ich es bete."[300]

---

[298] an-Nasā'iyy (148), Ḥadīṯ ṣaḥīḥ; mit ähnlichem Wortlaut in Ibn Māǧah (470), Ḥadīṯ ṣaḥīḥ; Ṣaḥīḥ Muslim (234); 'Abū Dāwūd (169).

[299] Ṣaḥīḥ al-Buḫāriyy (159, 164, 1934), Ṣaḥīḥ Muslim (226), 'Abū Dāwūd (106), an-Nasā'iyy (84, 85, 116), Ḥadīṯ ṣaḥīḥ.

[300] Ṣaḥīḥ al-Buḫāriyy (1149), Ṣaḥīḥ Muslim (2458).

Eine weitere Möglichkeit ist den Frauen vorbehalten, denn der Gesandte Allāhs ﷺ sagte: „Wenn eine Frau ihre fünf (Gebete) betet, ihren Monat (Ramaḍān) fastet, ihre Scham hütet und auf ihren Ehemann hört, so wird zu ihr gesagt werden: ‚Betritt den Paradiesgarten, durch welches Tor des Paradieses du willst!‘“[301]

In diesem Ḥadīṯ versichert der Prophet Muḥammad ﷺ jeder Frau einen großartigen Lohn, die

1. die fünf täglichen Pflichtgebete auf die richtige Art und Weise sowie am Anfang der Zeit betet;

2. im Ramaḍān fastet und die Fastentage, die sie aufgrund eines rechtmäßigen Hinderungsgrundes nicht fasten konnte, nachholt;

3. ihre Scham vor Verbotenem wie der Unzucht, dem Ehebruch, Tribadie und ähnlichem bewahrt;

4. auf ihren Ehemann hört – damit ist nicht gemeint, dass die Frau alles sklavisch machen muss, was ihr Mann ihr sagt, sondern damit sind ganz konkret die Angelegenheiten gemeint, die mit seinem Recht verbunden sind, das ihm durch den ’Islām gegeben wurde, und die den religiösen Geboten und Verboten nicht widersprechen –;

dieser wird die Wahl gegeben, das Paradies durch das Tor zu betreten, durch das sie es betreten möchte. Es wird erklärt, dass die Natur, die diesen Taten zugrunde liegt, der Grund für diese großartige Belohnung ist: Nämlich sind diese Taten die Quelle alles Guten und das Fundament für alle weiteren guten Taten. Und Allāh ﷺ weiß es am besten.

Die letztgenannte Möglichkeit, um diesen gewaltigen Vorzug am Tage der Auferstehung zu erhalten, ist ein großer Trost für all jene muslimische Eltern, die Kinder in jungen Jahren verloren haben, denn

---

[301] In ‚al-Buldāniyyāt‘ von as-Saḫāwiyy, S. 161, Musnad ’Imām ’Aḥmad (1661), in ‚al-Muʿǧam al-’Awsaṭ‘ von aṭ-Ṭabarāniyy (8805), Ḥadīṯ ḥasan; Ibn Ḥibbān und in ‚al-Muʿǧam al-’Awsaṭ‘ von aṭ-Ṭabarāniyy (4715), Ḥadīṯ ṣaḥīḥ.

der Gesandte Aḷḷāhs ﷺ sagte: „Keinem Muslim sterben drei seiner
Kinder, (die) die Pubertät (noch) nicht erreicht haben, außer dass sie ihn
vor den acht Paradiestoren erwarten. (Daraufhin) betritt er es (durch)
welches (Tor) er möchte.“[302]

Natürlich wünscht man niemandem, sein eigenes Kind ins Grab
zu legen – und wir bitten Aḷḷāh ﷺ um Schutz vor den vernichtenden
Prüfungen – aber dieser Ḥadīṯ ist mit der Erlaubnis Aḷḷāhs ein Trost für
jene, die mit dieser gewaltigen Prüfung geprüft wurden.

Und jene, die vor dieser Prüfung bewahrt wurden, sollen der
Empfehlung des Propheten ﷺ nachkommen, der sagte: „Wer einen durch
Leid geprüften sieht, soll sagen: ‚*Alles Lob gebührt Aḷḷāh, demjenigen, der
mich beschützt hat vor dem, womit er dich prüft, und mich über viele, die
er (bereits) bevorzugt erschaffen hat, (nochmal) bevorzugt hat [Al-Ḥamdu
lillāhi lladī ʿāfānī mimmā btalāka bihi wa faḍḍalanī ʿalā Kaṯīrin
mimman ḫalaqa tafḍīlā.],*‘ (Den, der dies sagt,) wird diese Prüfung
nicht treffen.“[303] Und Aḷḷāh ﷺ weiß es am besten.

---

[302] Ibn Māǧah (1604), Ḥadīṯ ṣaḥīḥ.

[303] as-Silsilah aṣ-Ṣaḥīḥah (al-ʾAlbāniyy) (2737), Ḥadīṯ ṣaḥīḥ; al-Ǧāmiʿ aṣ-Ṣaġīr (as-
Suyūṭiyy) (8667), Ḥadīṯ ḥasan.

Das Betreten des Paradieses ohne Abrechnung

Ein jeder Muslim fürchtet sich vor dem letzten Tag, an dem jede Seele abgerechnet wird und für all ihre Taten und jedes ihrer Worte zur Rechenschaft gezogen wird. Jedoch gibt uns der Prophet Muḥammad ﷺ Hoffnung darauf, dieser Abrechnung zu entgehen und ohne jegliche Rechenschaft das Paradies betreten zu können:

Es wurde berichtet, dass der Gesandte Allāhs ﷺ sagte:

«يَدْخُلُ الْجَنَّةَ مِنْ أُمَّتِي سَبْعُونَ أَلْفًا بِغَيْرِ حِسَابٍ، هُمُ الَّذِينَ [لاَ يَكْتَوُونَ، وَلَا يَسْتَرْقُونَ، وَلَا يَتَطَيَّرُونَ، وَعَلَى رَبِّهِمْ يَتَوَكَّلُونَ].»

„Siebzig Tausend (Anhänger) meiner Gemeinschaft betreten das Paradies ohne Abrechnung. Es sind diejenigen, die [keine Wunden ausbrennen], nicht nach Ruqyah fragen, nicht an Omen glauben, und auf ihren Herrn vertrauen."[304]

Darüber hinaus gibt es zu diesem Ḥadīṯ noch eine gewaltige Hinzufügung, in der der Gesandte Allāhs ﷺ sagte: „Mein Herr hat mir versprochen, dass Er Siebzigtausend von meiner Gemeinschaft das Paradies ohne Abrechnung und ohne Strafe betreten lässt. Und mit jedem Tausend (kommen weitere) Siebzigtausend und drei Handvoll

---

[304] Ṣaḥīḥ al-Buḫāriyy (6472), mit Hinzufügung [in der eckigen Klammer] in Ṣaḥīḥ Muslim (218) – dort ohne „und nicht an Omen glauben".

(Menschen) von den Händevoll meines Herrn – geehrt und gewaltig ist Er (– ins Paradies)."[305]

Aḷḷāhu 'akbar! Wie gewaltig ist diese Zahl, die jede irdische Mathematik übersteigt. Auf Aḷḷāhs Barmherzigkeit hoffend bitten wir Ihn darum, uns zu erlauben, von denjenigen zu sein, die Sein Paradies ohne Abrechnung und ohne Strafe betreten werden; aḷḷāhumma 'āmīn.

Das Ausbrennen von Wunden

Bei dieser medizinischen Behandlungsmethode von Wunden wird Hitze verwendet, die die Haut verbrennt und auf diese Weise die Wunde schließt. Grundsätzlich ist dies verboten, weil der Gesandte Aḷḷāhs ﷺ sagte: „Heilung liegt in drei Dingen: Einem Löffel[306] Honig, Schröpfen und dem Ausbrennen (von Wunden) mit Feuer. Ich aber verbiete meiner Gemeinschaft das Ausbrennen."[307]

Der Grund dafür, weshalb das Verbrennen des Körpers verboten ist – selbst wenn es zu Heilungszwecken beabsichtigt ist – liegt darin, dass der Prophet Muḥammad ﷺ sagte: „[...] Denn wahrlich, niemand bestraft mit Feuer, außer der Herr des Feuers."[308]

Jedoch ist anzumerken, dass die Gelehrten wie Muḥammad Ibn Ṣāliḥ al-ʿUtaymīn ﷺ die Meinung vertreten, dass wenn es um eine lebensgefährdende Verletzung geht, deren Blutung nicht anders gestillt werden kann als durch das Verbrennen der Haut wie beispielsweise mithilfe eines glühenden Stückes Eisen, dann ist die Anwendung sogar verpflichtend und wirft einen nicht aus den 70.000 raus.

---

[305] at-Tirmiḏiyy (2437), Ibn Māǧah (4286), Ḥadīṯ ḥasan.

[306] Wörtlich steht in der Überlieferung nicht „Löffel", sondern „Schluck" oder „Dosis". Im deutschen Sprachgebrauch würden wir aber eher weniger von einem Schluck oder einer Dosis Honig sprechen, sondern eher von einem Löffel Honig.

[307] Ṣaḥīḥ al-Buḫāriyy (5680, 5681), Ibn Māǧah (3491), Ḥadīṯ ṣaḥīḥ.

[308] 'Abū Dāwūd (2673), Ḥadīṯ ṣaḥīḥ (al-'Albāniyy), mit ähnlichem Wortlaut in 'Abū Dāwūd (2675), Ḥadīṯ ṣaḥīḥ (al-'Albāniyy).

Was kleinere Hitzeanwendungen in der Medizin angeht wie beispielsweise *die Verödung* bei der Behandlung von Nasenbluten, so ist dies verboten und es besteht die Gefahr, dass man dadurch nicht mehr zu den 70.000 gehört. Aus diesem Grund sollte man stattdessen nach alternativen Methoden suchen.

Jedoch ist es wichtig zu erwähnen, dass nicht alles, was *Verödung* genannt wird, auch mit Hitze und somit mit Verbrennen zu tun hat. So ist die *Sklerotherapie*, die gerne auch *Verödung* genannt wird, eine Behandlungsmethode, mit der Krampfadern behandelt werden. Dabei wird eine Flüssigkeit in die betroffene Ader injiziert, die die Ader verhärtet und verschließt, wodurch die Ader vom Körper umgebaut wird. Diese Methode hat nichts mit Hitze zu tun und ist kein Ausbrennen einer Wunde.

Was andere medizinische Methoden angeht, ist mit dem behandelnden Arzt darüber zu sprechen, ob Hitze angewendet wird oder nicht. Solange keine Hitze verwendet wird, liegt in der Behandlung kein Problem. Doch wenn Hitze verwendet wird, dann sollte man auf alternative Methoden zurückgreifen.

Und Allāh ﷻ weiß es am besten.

Das Fragen nach Ruqyah

Dass der ʾIslām die Existenz von Satanen [*Šayāṭīn*], Zauberei [*Siḥr*], dem bösen Blick [*ʿAyn*] und Neid [*Ḥasad*] bestätigt, ist bekannt. Für gewöhnlich gehen die Menschen, wenn sie befürchten von einem dieser Dinge heimgesucht zu werden, zu einem *Rāqī* – also jemandem, der durch die Rezitation des Qurʾāns versucht, diese negativen Einflüsse zu beseitigen. Jedoch ist genau diese Handlungsweise nicht optimal. Es ist zwar nicht verboten zu einem *Rāqī* zu gehen, jedoch sollte man dies nicht tun, wenn man am Jüngsten Tag keiner Abrechnung unterzogen werden möchte und solange keine Notwendigkeit dafür besteht.

Die Erklärung davon ist, dass die Heilung einzig und allein von Allāh ﷻ kommt und nicht von einem Menschen – egal ob es sich um einen *Rāqī* oder auch einen Arzt handelt:

„[Allāh, der Herr der Welten,] Derjenige, Der mich erschaffen hat und mich rechtleitet, (78) und Derjenige, Der mir zu essen und zu trinken gibt, (79) und **Derjenige, Der wenn ich krank bin, mich heilt,** (80) und Derjenige, Der mich sterben lässt und hierauf wieder lebendig macht, (81) und Derjenige, von Dem ich erhoffe, dass Er mir am Tage des Gerichts meine Verfehlungen vergibt. (82)"[309]

Über 'Ā'išah ﵂ wird berichtet, dass sie sagte: „Wahrlich, der Prophet ﷺ pflegte, (wenn) er die Zufluchtnahme (bei Allāh) für den Großteil seiner Angehörigen (sprach), mit seiner rechten Hand (über die Person) zu streichen (und) sagte (dabei): ‚Oh Herr der Menschen, nimm die Schmerzen! Heile ihn, denn **Du bist der Heiler. Es gibt keine Heilung außer Deiner Heilung,** eine Heilung (bei der) nichts (von der) Krankheit bleibt [*Allāhumma Rabba n-Nāsi 'adhibi l-Bās, išfihi wa 'anta š-Šāfī, lā Šifā'a 'illā Šifā'uka, Šifā'an lā yuġādiru Saqaman.*]."[310]

So ist es am besten, die Heilung von diesen verborgenen negativen Einflüssen [*Siḥr, 'Ayn* und *Ḥasad*] von niemand anderem zu erfragen, außer von Allāh ﷻ.

Das bedeutet jedoch nicht, dass man keine *Ruqyah* machen soll, sondern vielmehr bedeutet das, dass jeder Muslim sein eigener *Rāqī* ist. Und es bedeutet auch nicht, dass man nicht bei einer anderen Person *Ruqyah* durchführen soll. Dieses ist gar kein Problem und auch von den *Ṣaḥābah* überliefert.[311] Lediglich sollte man nur nicht danach fragen, ob jemand anderes *Ruqyah* bei einem selbst oder einem anderen durchführen könnte.

---

[309] Sūrah (26) aš-Šu'arā', Vers 78-82.

[310] Ṣaḥīḥ al-Buḥāriyy (5743), Ṣaḥīḥ Muslim (2191), at-Tirmidiyy (3565), Ibn Māǧah (3520), 'Aḥmad (565), Ḥadīt ṣaḥīḥ.

[311] 'Abū Dāwūd (3420, 3897), Ḥadīt ṣaḥīḥ (al-'Albāniyy).

Es sei aber auch erwähnt, dass das „Nicht-Fragen nach Ruqyah" zwar grundsätzlich gilt, jedoch Gelehrte wie aš-Šayḫ Bin Bāz ﷺ das Fragen nach Ruqyah bei einer Notwendigkeit erlaubten. Dies begründen sie damit, dass der Prophet Muḥammad ﷺ befohlen hatte, die Kinder von dem Ṣaḥābī Ǧaʿfar ﷺ mit *Ruqyah* zu belesen, sowie auch seine Ehefrau ʿĀʾišah ﷺ angewiesen hatte, jene mit *Ruqyah* zu belesen, die es brauchen. Dies, was der Prophet Muḥammad ﷺ gemacht hat, ist eine Art des Fragens nach *Ruqyah*. Und dass er es selbst gemacht hat, weist darauf hin, dass ihm jeder in dieser Angelegenheit folgen kann, ohne aus diesen Siebzigtausend ausgeschlossen zu werden. Jedoch erwähnen sie im Zuge dessen, dass es dennoch vorzüglicher ist, sich selbst mit *Ruqyah* zu belesen. Und Allāh ﷺ weiß es am besten.

Ein weiterer wichtiger Punkt ist, dass wir unser Verständnis von diesen negativen Einflüssen aus der verborgenen Welt etwas überarbeiten müssen. Viele, die mit *Siḥr, ʿAyn* oder *Ḥasad* geprüft werden, denken, dass sie verloren seien, dass Allāh ﷺ sie nicht lieben würde und Er sie deswegen nicht beschützen würde. Dies ist jedoch überhaupt nicht der Fall, sondern viel eher das genaue Gegenteil. Denn es kann sein, dass wir etwas verabscheuen oder vielleicht sogar hassen; aber Allāh ﷺ, *al-ʿAlīm* [der Allwissende], weiß es besser als wir, und gibt uns etwas, obwohl wir es hassen, weil er weiß, dass es gut für uns ist: „Vorgeschrieben ist euch zu kämpfen, obwohl es euch zuwider ist. Aber vielleicht ist euch etwas zuwider, während es gut für euch ist, und vielleicht ist euch etwas lieb, während es schlecht für euch ist. Allāh weiß, ihr aber wisst nicht."[312]

Es kann sein, dass eine Person die Gebete vernachlässigt, den Qurʾān kaum liest, oder vielleicht sogar gar nicht auf Arabisch lesen kann, sie spricht kaum Bittgebete zu Allāh ﷺ und vieles mehr... Und vielleicht kommt genau dann die Heimsuchung von *Siḥr, ʿAyn* oder *Ḥasad* und wird der Grund dafür, weshalb diese Person anfängt, den Qurʾān zu lesen, die Gebete regelmäßig zu verrichten, anfängt die Religion zu praktizieren und die Bittgebete zu Allāh ﷺ zu vermehren.

---

[312] Sūrah (2) al-Baqarah, Vers 216.

Man sollte die Heimsuchung dieser Dinge also in keinster Weise als etwas Schlimmes ansehen oder gar als seine Vernichtung, sondern vielmehr als Barmherzigkeit von Allāh ﷻ und als eine Möglichkeit, um Seine Zufriedenheit und Seine Liebe zu erreichen!

Über den Propheten ﷺ wird berichtet, dass er sagte: „Der gewaltigste Lohn ist mit der gewaltigsten Prüfung. Und wahrlich, wenn Allāh ein Volk liebt, (dann) prüft er es. So wer (mit der Prüfung) zufrieden ist, so hat er (Allāhs) Zufriedenheit; und wer (über die Prüfung) zornig ist, so hat er (Allāhs) Zorn."[313]

Von dem *Ṣaḥābī* Saʿd Ibn ʾAbī Waqqāṣ ﷺ wird berichtet, dass er sagte: „Oh Gesandter Allāhs ﷺ, welche Menschen werden (von Allāh) am stärksten geprüft?" Er ﷺ antwortete: „Die Propheten, dann die nächstbesten, dann die nächstbesten. (Eine Prüfung) sucht den Diener auf der Stufe seiner Religion heim. So wenn er standhaft in seiner Religion ist, so ist seine Prüfung stärker. Und wenn er in seiner Religion schwach ist, so wird er auf der Stufe seiner Religion geprüft. So weicht die Prüfung nicht von dem Diener, bis sie ihn in Ruhe auf der Erde gehen lässt, und auf ihm keine von (seinen) Sünden (mehr lasten)."[314]

Wenn wir nun an uns selbst *Ruqyah* ausführen wollen, müssen wir natürlich auch erfahren, wie. Über die konkrete Durchführung ist relativ wenig vom Propheten ﷺ überliefert.

Von dem *Ṣaḥābī* ʿAuwf Ibn Mālik al-ʾAšǧaʿiyy ﷺ wird berichtet, dass er sagte: „Wir pflegten in der Zeit der Unwissenheit *Ruqyah* zu machen. So sagten wir: ‚Oh Gesandter Allāhs ﷺ, wie siehst du das?' So sagte er: ‚Zeigt mir eure (Methoden der) *Ruqyah*. (Es liegt) nichts Schlechtes in *Ruqyah*, welche keinen *Širk* [Beigesellung Allāhs] beinhaltet."[315]

---

[313] at-Tirmiḏiyy (2396), Ibn Māǧah (4043), Ḥadīṯ ḥasan.

[314] Ibn Māǧah (4023), Ḥadīṯ ḥasan.

[315] Ṣaḥīḥ Muslim (2200), ʾAbū Dāwūd (3886), Ṣaḥīḥ al-Ǧāmiʿ (1048), Ṣaḥīḥ Ibn Ḥibbān (6094), Ḥadīṯ ṣaḥīḥ (al-ʾAlbāniyy).

Es ist also alles erlaubt als *Ruqyah* anzuwenden was der 'Islām gebracht hat und sogar das, was vor dem *'Islām* war, solange es keinen *Širk* beinhaltet. Jedoch ist die wohl am meisten bekannteste Methode die Rezitation des Qur'āns. Viele *Ruqāh* [Plural von Rāqī] haben die Erfahrung gemacht, dass bestimmte Verse vom Buche Allāhs besonders wirksam sind. Diesbezüglich entgegnen jedoch die Gelehrten, dass der gesamte Qur'ān Heilung ist und nicht nur bestimmte Verse, wie Allāh ﷻ sagt: „Und wir offenbaren vom Qur'ān, was für die Gläubigen Heilung und Barmherzigkeit ist; den Ungerechten aber mehrt es nur den Verlust."[316] Man kann also *Ruqyah* mit jedem beliebigen Teil des Qur'āns machen. Und Allāh ﷻ weiß es am besten.

Manche der Verse [*'Āyāt*] und *Suwar* [Plural von Sūrah], die die *Ruqāh* vorzugsweise in ihrer *Ruqyah* verwenden, beruhen auf Beweisen, wie Sūrah (1) al-Fātiḥah[317], 'Āyātul-Kursiyy[318] oder die Schutzsuren [al-Mu'awwiḏatān] (Sūrah (113) al-Falaq und Sūrah (114) an-Nās)[319], aber auch manche, die sie ausschließlich aufgrund ihrer Beobachtungen und Erfahrungen als effektiv einstufen. Ob es sich nun um *Suwar* oder *'Āyāt* handelt, die mit oder ohne Beweis aus den Quelltexten in der *Ruqyah* Anwendung finden, sei erst einmal zweitrangig. Im Folgenden sind einige von ihnen aufgelistet[320]:

- Sūrah (1) al-Fātiḥah
- Sūrah (2) al-Baqarah, Vers 1-5
- Sūrah (2) al-Baqarah, Vers 102
- Sūrah (2) al-Baqarah, Vers 163-164
- Sūrah (2) al-Baqarah, Vers 255 *'Āyat-al-Kursiyy (Der Vers des Thronschemels)*

---

[316] Sūrah (17) al-'Isrā', Vers 82.

[317] 'Abū Dāwūd (3420, 3897), Ḥadīṯ ṣaḥīḥ (al-'Albāniyy).

[318] Ṣaḥīḥ al-Buḫāriyy (3275, 5010), at-Tirmiḏiyy (2884), Ḥadīṯ ṣaḥīḥ.

[319] Ṣaḥīḥ al-Buḫāriyy (4976), Ṣaḥīḥ Muslim (814).

[320] aṣ-Ṣārim al-battār fī at-Taṣaddī li-s-Saḥarat il-'Ašrār' von aš-Šayḫ Waḥīd 'Abd-as-Salām Bāliyy.

- Sūrah (2) al-Baqarah, Vers 285-286
- Sūrah (3) ʾĀli ʿImrān, Vers 18-19
- Sūrah (7) al-ʾAʿrāf, Vers 54-56
- Sūrah (7) al-ʾAʿrāf, Vers 117-122
- Sūrah (10) Yūnus, Vers 81-82
- Sūrah (20) Ṭāʾ-Hāʾ, Vers 69
- Sūrah (23) al-Muʾminūn, Vers 115-118
- Sūrah (24) an-Nūr, Vers 35
- Sūrah (37) aṣ-Ṣāffāt, Vers 1-10
- Sūrah (46) al-ʾAḥqāf, Vers 29-32
- Sūrah (55) ar-Raḥmān, Vers 33-36
- Sūrah (59) al-Ḥašr, Vers 21-24
- Sūrah (112) al-ʾIḫlāṣ
- Sūrah (113) al-Falaq
- Sūrah (114) an-Nās

Wenn man mit *Siḥr*, *ʾAyn* oder *Ḥasad* geprüft wird und sich selbst oder auch andere, die damit geprüft werden, regelmäßig mit diesen Versen oder überhaupt dem Qurʾān allgemein beliest, dann wird man mit Allāhs ﷻ Erlaubnis in der *Ruqyah* erfolgreich sein. Wichtig ist dabei nur, dass man dies möglichst jeden Tag macht und sich nicht von Kopfschmerzen oder anderen körperlichen oder geistigen Beschwerden davon abhalten lässt. Und genauso, auch wenn man jemand anderen beliest und dieser anfängt, über bestimmte Leiden zu klagen: Man darf nicht aufhören!

Wenn man zusätzlich noch Bittgebete zu Allāh ﷻ spricht, die täglichen *ʾAḏkār*[321] aufsagt und auf diese Weise quasi ohne Unterbrechung mit Allāh ﷻ verbunden ist, so wird man das, was einem aus der verborgenen

---

[321] Die alltäglichen *ʾAḏkār*, die aus der *Sunnah* überliefert wurden, sind ein sehr großer Schutz für jeden Muslim. Hervorzuheben sind dabei besonders die Bittgebete vor dem Essen, beim Betreten und Verlassen des Hauses sowie die *ʾAḏkār* am Morgen und am Abend.

Welt an Unheil widerfährt, so Allāh ﷻ will, los – und zwar ohne, dass man jemand anderen um *Ruqyah* gefragt hat.

Und Allāh ﷻ weiß es am besten.

Das Fragen nach Bittgebeten

Bezüglich des „Fragens nach *Ruqyah*" ist es wichtig, zu verstehen, dass die Bitte um Heilung, wenn man krank ist, ein Teil der *Ruqyah* ist. Aus diesem Grund erklären einige Gelehrte wie aš-Šayḫ al-ʾAlbāniyy ﷺ, dass mit „nicht nach Ruqyah fragen" auch gemeint ist, dass man die Menschen nicht nach Bittgebeten um Heilung fragt, wenn man krank oder von einem Ǧinn besessen ist. Stattdessen spricht man selbst Bittgebete im Vertrauen darauf, dass Allāh ﷻ, der *al-Muǧīb*[322] und *aš-Šāfī*[323] ist, seine Bittgebete erhören und einem Gesundheit geben wird.

Jedoch sind nicht alle Bittgebete darin eingeschlossen, wie wenn man beispielsweise Geschwister im ʾIslām fragt, ob sie Duʿā für einen um einen rechtschaffenen Ehepartner, rechtschaffene Kinder, um Wissen oder ähnliches machen können. Dies ist darin begründet, dass es zum einen mehrere *ʾAḥādīṯ* gibt, die zeigen, dass es gut ist, wenn jemand anderes für einen Bittgebete spricht[324], und zum anderen, dass *Ruqyah* speziell und *Duʿā* allgemein ist, weshalb das Bittgebet [*ad-Duʿā*]

---

[322] Derjenige, der die Bittgebete erhört.

[323] Derjenige, der die Körper und die Herzen heilt.

[324] Dies wurde in zahlreichen ʾAḥādīṯ gemacht. Sogar in verschiedenen Versionen von eben diesem Ḥadīṯ über die siebzigtausend Paradiesbewohner, die es ohne Abrechnung und ohne Strafe betreten werden. So wird berichtet, dass der Ṣaḥābī ʿUkkāšah ﷺ den Propheten ﷺ darum bat, Allāh ﷻ darum zu bitten, ihn von den besagten siebzigtausend zu machen. So bat der Prophet ﷺ Allāh ﷻ um dies. (Ṣaḥīḥ al-Buḫāriyy (5811, 6542) und Ṣaḥīḥ Muslim (216, 218)). Wenn das allgemeine Bitten um Bittgebete in dem „Fragen nach *Ruqyah*" mit eingeschlossen wäre, dann hätte ʿUkkāšah ﷺ den Propheten ﷺ nicht darum gebeten und dieser wäre seiner Bitte nicht nachgekommen. Und Allāh ﷻ weiß es am besten.

nicht (grundsätzlich) in der *Ruqyah* eingeschlossen ist, sondern nur der bestimmte Teil, der zu *Ruqyah* zählt – also die Bittgebete um Heilung.

Und Aḷḷāh ﷻ weiß es am besten.

Der Glaube an Omen

Das im Ḥadīṯ erwähnte Verb „yataṭayyarūn" („يَتَطَيَّرُونَ") lässt schon das Wort „Ṭā'ir" (طَائِرٌ) erahnen, welches auf Deutsch „Vogel" bedeutet. Und tatsächlich stehen die beiden Worte in Verbindung zueinander, denn es gab unter den Arabern in der *Zeit der Unwissenheit* die Praxis, morgens vor dem Verlassen des Hauses Vögel steigen zu lassen, und je nachdem, in welche Richtung sie geflogen sind, sind sie entweder zuhause geblieben, weil sie Angst vor Schaden und Verlust hatten, oder sie sind rausgegangen, weil sie auf Gewinn und Erfolg hofften. Zu dieser Praxis sagt Aḷḷāh ﷻ im Qur'ān: „Sie sagten: ‚Wir sehen ein böses Vorzeichen (vom Vogelflug) in dir und in denjenigen, die mit dir sind.' Er sagte: ‚Eure Vögel gehören Aḷḷāh! (Aber) nein! Vielmehr seid ihr Leute, die der Versuchung ausgesetzt werden.'"[325]

Jedoch ist es wichtig zu erwähnen, dass damit nicht nur der Glaube an dieses eine konkrete Omen des Vogelfluges gemeint ist, sondern der Glaube an Omen allgemein: Sei es das Ablesen aus der Hand, aus dem Kaffeesatz, das Werfen eines Knochens in Feuer sowie alle weitere Methoden, die mit der Vorhersage der Zukunft zu tun haben. Solche Praktiken sind nicht von der Religion, haben mit der Wahrheit überhaupt nichts zu tun und sind grundsätzlich abzulehnen.

Und Aḷḷāh ﷻ weiß es am besten.

---

[325] Sūrah (27) an-Naml, Vers 47.

Das Vertrauen auf Aḷḷāh

Zusammenfassend erwähnt der Prophet Muḥammad ﷺ die Eigenschaft, die die anderen drei vorausgegangenen Kriterien beinhaltet: Das Vertrauen auf Aḷḷāh ﷻ.

Der Gelehrte Ibn Qayyim al-Ǧawziyyah ﷺ erklärt: „Dies (wird so sein, dass) diese das Paradies ohne Abrechnung betreten, wegen der Vollkommenheit ihres *Tawḥīds*. Aufgrund dieser (Vollkommenheit des *Tawḥīds*) lehnt er [der Prophet Muḥammad ﷺ] für sie die Bitte um *Ruqyah* ab [...]. Und wegen dieser sagte er: ,Und auf ihren Herrn vertrauen sie.' Aufgrund ihres Vertrauens auf ihren Herrn, (durch) ihre Gelassenheit zu ihm, (dadurch, dass) sie sich auf ihn verlassen haben, (durch) ihre Zufriedenheit mit ihm und (dadurch, dass) sie ihm ihre Bedürfnisse auferlegen, bitten sie die Menschen also um nichts: Um keine *Ruqyah* und um nichts anderes. Und sie beeinflussen keine Omen, die sie von dem abhalten, was sie vorhaben, zu tun, denn wahrlich, Omen lenken vom *Tawḥīd* ab und schwächen ihn."[326]

Sich auf Aḷḷāh ﷻ zu verlassen, also all seine Angelegenheiten vollständig in Seine Hände zu übergeben, ist eine Eigenschaft, die nicht jeder Muslim besitzt, sondern vielmehr ist es eine spezielle Eigenschaft der Gläubigen. Aḷḷāh ﷻ sagt in seinem edlen Buch: „Wahrlich, die (wahren) Gläubigen sind diejenigen, deren Herzen sich vor Ehrfurcht regen, wenn Aḷḷāhs gedacht wird, und (diejenigen,) wenn ihnen Seine Zeichen verlesen werden (es) ihnen ihren Glauben vermehrt. Und (diejenigen, die) sich auf ihren Herren verlassen."[327]

Aḷḷāh ﷻ ist der Barmherzige, der Allhörende, der Allsehende, der Allwissende, der Allmächtige. Wir müssen verstehen, dass egal was Aḷḷāh ﷻ in einer unserer Angelegenheiten entscheidet: Er hat es auf Grundlage seiner vollkommenen Namen und Eigenschaften getan. Er kennt all unsere Angelegenheiten, unsere Erschwernisse, unsere Sorgen

---

[326] Zād al-Maʿād (fī Hadyi Ḫayr al-ʿIbād) 1/635.

[327] Sūrah (8) al-ʾAnfāl, Vers 2.

und unseren Kummer. Er sieht uns, wie wir versuchen, mit diesen Angelegenheiten zurechtzukommen. Und Er sieht uns, wie wir uns vor Ihm niederwerfen, und Er hört unsere Bittgebete und unsere Rufe, die wir (in der Niederwerfung) an Ihn richten. Er kennt ganz genau unseren Zustand und unsere Bedürfnisse.

„Und verlasse dich auf den Allmächtigen und Barmherzigen, (217) der dich sieht, wenn du aufrecht (im Gebet) stehst, (218) und (Er sieht) deine Stellungswechsel unter denjenigen, die sich niederwerfen. (219) Er ist ja der Allhörende und Allwissende. (220)" [328]

Ein weiterer wichtiger Aspekt bezüglich des Verlassens auf Allāh ist etwas, was Er in diesen beiden Versen erwähnte: „der dich sieht, wenn du aufrecht (im Gebet) stehst, (218) und (Er sieht) deine Stellungswechsel unter denjenigen, die sich niederwerfen. (219)" Dies ist das Gebet – für den Mann speziell das Gebet in der Gemeinschaft.

Das Gebet ist wie die Tankstelle der Geduld. Irgendwann könnte es passieren, dass jeder von uns die Geduld verliert – das wäre wie, als wenn dem Auto der Treibstoff ausginge. Aber dadurch, dass der praktizierende Muslim das Gebet niemals verliert, und dadurch seinen Geduldstank immer wieder auffüllt, verliert er somit – im Idealfall – auch nicht die Geduld: „Oh ihr, die ihr glaubt, sucht Hilfe in der Geduld und im Gebet! Wahrlich, Allāh ist mit den Geduldigen. (153)" [329]

Zum Verlassen auf Allāh ﷻ gehört es also, dass man nicht sofort eine Lösung seiner Angelegenheiten von Ihm erwartet, sondern Allāh nicht nur ihre Art und Weise, sondern auch ihren Zeitpunkt überlässt. Und bis dieser Zeitpunkt eintrifft, müssen wir geduldig sein.

Allāh ﷻ sagt im Qur'ān: „Ihre Gesandten sagten zu ihnen: ‚Wir sind (zwar) nur menschliche Wesen wie ihr, aber Allāh erweist Wohltaten wem von Seinen Dienern Er will. Es steht uns nicht zu, eine Ermächtigung zu bringen, außer mit der Erlaubnis Allāhs. Und auf Allāh sollen sich

---

[328] Sūrah (26) aš-Šuʿarāʾ, Vers 217-220.
[329] Sūrah (2) al-Baqarah, Vers 153.

die Gläubigen verlassen. (11) Warum sollen wir uns nicht auf Allāh verlassen, wo Er doch unsere Wege geleitet hat? Wir werden das, was ihr uns an Leid zufügt, ganz gewiss geduldig ertragen; und auf Allāh sollen sich (diejenigen) verlassen, die sich (überhaupt auf jemanden) verlassen (wollen)."[330]

So müssen wir auf Ihn vertrauen, denn Er ist über alles mächtig und kann machen, was Er will – sogar Dinge, mit denen wir niemals rechnen würden oder die uns unmöglich erscheinen! Er ﷻ sagt in Seinem edlen Buch: „[...] und (Allāh) gewährt ihm Versorgung, von wo er nicht rechnet. Und wer sich auf Allāh verlässt, dem ist Er Genüge. Allāh wird gewiss (die Durchführung) seiner Angelegenheit erreichen. Allāh legt ja für alles ein Maß fest."[331]

Und egal wie der Ausgang unserer Angelegenheiten sein wird, egal ob Allāh sie genauso regelt, wie wir es uns erhoffen oder nicht. Wir müssen verinnerlichen, dass Allāh ﷻ der der Allwissende und der Allweise ist. Er weiß sogar sehr viel besser als wir selbst, was gut und was schlecht für uns ist: „Vorgeschrieben ist euch zu kämpfen, obwohl es euch zuwider ist. Aber vielleicht ist euch etwas zuwider, während es gut für euch ist, und vielleicht ist euch etwas lieb, während es schlecht für euch ist. Allāh weiß, ihr aber wisst nicht."[332]

Das Interessante ist, dass diese vierte Eigenschaft mit den anderen drei bisher genannten Kriterien zusammenhängt. Derjenige, der keinen *Rāqī* nach *Ruqyah* fragt, sondern sie selbst durchführt, benötigt Vertrauen auf Allāh, dass ER ihn heilt. Derjenige, der nicht an Vorzeichen glaubt, der muss sich gänzlich – zu jeder Zeit und in jedem Zustand – auf Allāh ﷻ verlassen, dass ER ihm hilft, ihn beschützt und seine Angelegenheiten und seine Versorgung regelt. Und derjenige, der keine Wunden ausbrennt oder ausbrennen lässt, der muss sich darauf verlassen, dass ALLĀH ﷻ auch ohne dieses Verbrennen die Wunden schließt und einen heilt.

---

[330] Sūrah (14) ʾIbrāhīm, Vers 11-12.

[331] Sūrah (65) aṭ-Ṭalāq, Vers 3.

[332] Sūrah (2) al-Baqarah, Vers 216.

Wenn man eine oder mehrere
Bedingungen nicht mehr erfüllt

Was ist aber nun mit jemandem, der wissentlich oder unwissentlich eine der ersten drei Kriterien nicht mehr erfüllt?

Was die Durchführung angeht, die unwissentlich erfolgte: Dass man beispielsweise nach *Ruqyah* gefragt hat (obwohl keine Notwendigkeit bestand) oder Nasenbluten durch *Veröden* behandelt wurde und man diesen Ḥadīṯ gar nicht kannte, so liegt darin kein Problem. Wie aš-Šayḫ Muḥammad Ibn Ṣāliḥ al-ʿUṯaymīn ﷺ erklärt, wird man dadurch nicht von den 70.000 ausgeschlossen. Man soll nur ab jetzt, nachdem man den *Ḥadīṯ* kennengelernt hat, dementsprechend handeln. Und Aḷḷāh ﷻ weiß es am besten.

Was die wissentliche Durchführung angeht, so soll man zum einen wissen, dass selbst wenn man nicht zu den 70.000 gehören sollte, die das Paradies ohne Abrechnung und ohne Strafe betreten werden, man dadurch auf gar keinen Fall die Chance, überhaupt ins Paradies zu kommen, verliert und ebenso wenig die Möglichkeit, hohe Paradiesstufen zu erreichen!

Es gibt vielzählige Überlieferungen und *ʾĀyāt* darüber, dass eine Person am Jüngsten Tag befragt wird und daraufhin das Paradies betritt[333], genauso wie Aussagen des Propheten ﷺ zahlreich überliefert wurden, dass sogar Menschen, die zuvor im Höllenfeuer bestraft wurden, aus der Hölle herausgeholt werden und ins Paradies eingehen[334]. Auf gar keinen Fall dürfen wir die Hoffnung auf Aḷḷāhs Barmherzigkeit verlieren! Er ﷻ sagt in Seinem edlen Buch: „Sprich: Oh Meine Diener, die ihr gegen euch selbst maßlos gewesen seid, verliert niemals die Hoffnung auf

---

[333] Beispielsweise in Sūrah (69) al-Ḥāqqah, ʾĀyah 19; Sūrah (84) al-ʾInšiqāq, ʾĀyah 7f.; Ṣaḥīḥ al-Buḫāriyy (2441, 2442, 4487); und viele weitere.

[334] Beispielsweise in Ṣaḥīḥ al-Buḫāriyy (4476, 6571, 7439, 7517), Ṣaḥīḥ Muslim (187, 193), aṭ-Tirmiḏiyy (3198), Ibn Māǧah (4339), Ḥadīṯ ṣaḥīḥ; und viele weitere.

Allāhs Barmherzigkeit! Wahrlich, Allāh vergibt ALLE Sünden. Gewiss, Er ist der Allvergebende, der Barmherzige.“ [335]

Und: „Er [’Ibrāhīm ﷺ] sagte: Wer verliert die Hoffnung auf die Barmherzigkeit seines Herrn außer den Irregehenden?“ [336]

Viele kennen *ar-Raḥmān* und *ar-Raḥīm* als Namen Allāhs ﷻ, deren Bedeutung sich auf Barmherzigkeit bezieht. Es gibt darüber hinaus auch noch weitere Namen, die in ihrer Kernbedeutung zwar variieren, sich aber ebenso auf Barmherzigkeit beziehen wie *at-Tawwāb, al-Ġaffār, al-Ġafūr* und *al-ʿAfuww*.

Von all diesen schönsten Namen Allāhs ﷻ legen wir im Folgenden unser Augenmerk auf den Namen *al-ʿAfuww*, der auf Deutsch mit *der Verzeihende* übersetzt wird. Das, was die *Verzeihung (al-ʿAfw)* gegenüber der *Vergebung (al-Maġfirah)* ausmacht, ist, dass wenn eine Sünde verziehen wird, diese aus dem Buch der Taten gelöscht und man weder am Tage der Auferstehung danach befragt noch dafür im Jenseits bestraft wird. [337]

Aus diesem Grund gibt es auch das bekannte Bittgebet von ʿĀʾišah ﷻ hinsichtlich Laylat-ul-Qadr:

اللهُمَّ إِنَّكَ عَفُوٌّ تُحِبُّ الْعَفْوَ فَاعْفُ عَنِّي

allāhumma ’innaka ʿAfuwwun tuḥibbu l-ʿAfwa faʿfu ʿannī

Oh Allāh, wahrlich, du bist der Vergebende, du liebst die Vergebung, so vergib mir [338]

Allāh ﷻ verzeiht, wenn man im Diesseits schon bereut, alle Sünden – sogar die größte aller Sünden: die Beigesellung (*Širk*). Wie soll es dann erst mit kleineren Sünden wie dem Ausbrennen von Wunden oder

---

[335] Sūrah (39) az-Zumar, Vers 53.

[336] Sūrah (15) al-Ḥiǧr, Vers 56.

[337] an-Nafāḥāt as-Salafiyyah (Muḥammad Munīr ad-Dimašqiyy) (S. 87).

[338] At-Tirmiḏiyy (3513), Ibn Māǧah (3850), Ḥadīṯ ṣaḥīḥ.

Taten sein, die nicht einmal Sünden sind, wie das Fragen nach *Ruqyah*? Diese kann Allāh ﷻ erst recht verzeihen! Wir brauchen nur aufrichtig zu bereuen und Ihn um Verzeihung zu bitten.

Solange wir auf Seine Barmherzigkeit, Seine Vergebung und Seine Verzeihung hoffen, Ihn darum bitten und auf Ihn vertrauen, dann besteht immer noch die Chance, dass Er ﷻ uns am Tage der Auferstehung weder abrechnet noch bestraft.

Und Allāh ﷻ weiß es am besten.

Wir bitten Allāh ﷻ darum, uns rechtzuleiten und uns davor zu bewahren, die Hoffnung auf Seine Barmherzigkeit zu verlieren. Wir bitten Ihn darum, uns zu verzeihen und uns (trotz möglicher Verfehlungen hinsichtlich der im *Ḥadīṯ* genannten Kriterien) das Paradies ohne Abrechnung betreten zu lassen, allāhumma ʾāmīn!

ملحق
Anhang

Schlusswort

Ich danke Aḷḷāh dafür, dass Er mir erlaubt hat, dieses kleine Werk zu verfassen und bitte Ihn darum, es zu einem Nutzen für jeden Leser zu machen.

Wir bitten Ihn darum, unsere guten Taten anzunehmen und unsere schlechten Taten in gute umzuwandeln; uns zu ermöglichen, das Paradies ohne Abrechnung zu betreten und uns in der höchsten Paradiesstufe anzusiedeln, aḷḷāhumma ’āmīn!

Lehre die Geschwister in deinem Umfeld das, was du hier in diesem Buch gelernt hast, weil von ’Abū Hurayrah berichtet wird, dass der Gesandte Aḷḷāhs sagte: „Wer zur Rechtleitung ruft, für den ist der gleiche Lohn wie der Lohn derer, die ihm folgen, ohne dass dies etwas von ihren Belohnungen verringert. Und wer zur Irrleitung ruft, für den ist die gleiche Strafe wie die Strafe derer, die ihm folgen, ohne dass dies etwas von ihren Bestrafungen verringert.“[339]

In diesem Zusammenhang möchten wir dich auch darum bitten jetzt eine ehrliche Bewertung auf Amazon zu hinterlassen und dieses Buch deinen Bekannten zu empfehlen. Durch dein Feedback können auch andere Menschen von diesem nützlichen Wissen profitieren und du kannst einen Lohn im Jenseits an jeder Person erwarten, welche

---

[339] Ṣaḥīḥ Muslim (2674), ’Abū Dāwūd (4609) Ibn Māǧah (206), Ḥadīṯ ṣaḥīḥ; at-Tirmiḏiyy (2674), Ḥadīṯ ḥasan ṣaḥīḥ.

durch deine Empfehlung dieses wertvolle Wissen aufnimmt und danach handelt.

Des Weiteren wurde von ʿAbdullāh Ibn ʿAmr ﷺ berichtet, dass der Prophet ﷺ sagte: „Berichtet von mir, selbst wenn es nur eine ʾĀyah ist! Und erzählt (die Geschichten) von den Kindern Israels (die ihr durch den ʾIslām gelernt habt, denn dies ist) nicht verboten. Und wer von euch absichtlich über mich lügt, der soll seinen Platz im Höllenfeuer einnehmen."[340]

Es ist also in Bezug auf dein Jenseits äußerst lohnenswert, dass du all das, was du gelernt hast, deinen Nächsten beibringst. Jedoch ist damit nicht gemeint, dass du sie erklärst oder interpretierst, sondern dass du sie in freundschaftlichen Runden oder in den jeweiligen Situationen einfach weitergibst.

Und denke ganz besonders an deine eigene Praxis! Und hiermit ermahne ich mich zuerst selbst und dann erst dich. Denn ʾUsāmah ﷺ berichtete, dass er den Propheten ﷺ hat sagen hören: „Ein Mann wird am Tage der Auferstehung gebracht und ins (Höllen-)Feuer geworfen, sodass sich seine Eingeweide (aus seinem Körper) ins (Höllen-)Feuer ergießen. So dreht er sich, wie sich ein Esel um einen Mühlstein dreht. Da versammeln sich die Bewohner des Höllenfeuers um ihn (herum) und sagen: ‚Oh Soundso, was ist mit dir? Hast du uns nicht das Gute anbefohlen und das Verwerfliche verboten?' Er sagt: ‚Ich habe euch das Gute anbefohlen, (doch) ich (selbst) habe es nicht gemacht. Und ich habe euch das Schlechte verboten, (doch) ich (selbst) tat es.'"[341]

Wir haben als Muslime die Pflicht, nach Wissen zu streben, entsprechend diesem Wissen zu handeln und dieses Wissen zu verbreiten. Dies ist auch die Erklärung von Sūrah (103) al-ʿAṣr, wie wir bereits im Kapitel über die Vorzüge *des Strebens nach Wissen* ab Seite 102 gelernt haben. Wir sollten nicht nur einen oder zwei dieser drei Teilaspekte

---

[340] Ṣaḥīḥ al-Buḫāriyy (3461); at-Tirmiḏiyy (2669), Ḥadīṯ ḥasan ṣaḥīḥ.
[341] Bukhary (3267), Muslim (2989).

durchführen. Wenn wir das verstanden haben und dementsprechend handeln, werden wir und unsere Geschwister mit Allāhs Erlaubnis sowohl im Diesseits als auch im Jenseits erfolgreich sein.

Möge Allāh ﷻ uns dies ermöglichen, uns segnen, mit uns zufrieden sein und uns erlauben, mit allen, die wir lieben, in *Ğannat-al-Firdaws* einzugehen; allāhumma 'āmīn.

Als Verlag und Autor hoffen wir, dass dieses Buch ein Nutzen für die muslimische Gemeinschaft im deutschsprachigen Raum allgemein und auch ganz speziell für dich sein wird. Wenn du einen Fehler entdeckst oder Kritik, Lob und Anregungen an uns hast, dann schreib uns gerne eine E-Mail an „info@alislah.de“. Wir freuen uns sehr auf dein Feedback sowie über deine Bewertung bei Amazon. Möge Allāh جلّ جلاله dir dieses Buch dienlich sein lassen, allāhumm 'āmīn

ERKLÄRUNG DER SYMBOLE

In diesem Werk wurden nach der Erwähnung bestimmter Namen spezielle Symbole verwendet, deren Bedeutungen im Folgenden erläutert werden:

 *subḥānahu wa taʿālā = gepriesen und erhaben ist Er*
Nachdem der Gottesname Aḷḷāh ﷻ erwähnt wurde, wird Er durch diese Lobpreisung gepriesen.

 *ṣallAḷḷāhu ʿalayhi wa sallam = Aḷḷāhs Friede und Segen seien auf ihm*
Nachdem der Prophet Muḥammad ﷺ erwähnt wurde, werden diese Segenswünsche ausgesprochen, die mit besonderen Vorzügen verbunden sind.
- Der Prophet ﷺ sagte: „Wer auf mich Segenswünsche spricht, auf den spricht sie Aḷḷāh zehnmal [und schreibt ihm mit ihnen zehn Ḥasanāt.]" (at-Tirmiḏiyy (484), Ḥadīṯ ḥasan; ohne Hinzufügung [in den eckigen Klammern] in Ṣaḥīḥ Muslim (384) und at-Tirmiḏiyy (485), Ḥadīṯ ṣaḥīḥ.)
- Des Weiteren sagte der Gesandte Aḷḷāhs ﷺ: „Der Geizhals ist derjenige, der mich erwähnt, aber keine Segenswünsche über mich spricht." (at-Tirmiḏiyy (3546), Ḥadīṯ ḥasan ṣaḥīḥ (at-Tirmiḏiyy ﷾), Ḥadīṯ ṣaḥīḥ (al-ʾAlbāniyy ﷾).)

 *'alayhi s-Salām = Friede sei auf ihm*
Nach der Erwähnung eines Propheten oder von einem der großen Engel werden diese Segenswünsche auf sie gesprochen.

 *raḍiyAḷḷāhu 'anhu = Möge Aḷḷāh mit ihm zufrieden sein*
Nachdem ein Ṣaḥābī erwähnt wurde, wird dieses Bittgebet für ihn ausgesprochen.

 *raḍiyAḷḷāhu 'anhā = Möge Aḷḷāh mit ihr zufrieden sein*
Nachdem eine Ṣaḥābiyyah erwähnt wurde, wird dieses Bittgebet für sie ausgesprochen.

 *raḍiyAḷḷāhu 'anhumā = Möge Aḷḷāh mit ihnen beiden zufrieden sein*
Nachdem zwei Gefährten des Propheten Muḥammad ﷺ erwähnt wurden, wird dieses Bittgebet für sie beide ausgesprochen.

 *raḍiyAḷḷāhu 'anhum = Möge Aḷḷāh mit ihnen zufrieden sein*
Nachdem mehrere Gefährten des Propheten Muḥammad ﷺ (mind. 3) erwähnt wurden, wird dieses Bittgebet für sie ausgesprochen.

 *raḥimahu ḷ-Ḷāh = Möge Aḷḷāh Sich seiner erbarmen*
Nach der Erwähnung eines bereits verstorbenen Gelehrten oder einer anderen großen Persönlichkeit der islamischen Geschichte, die bereits verschieden ist, wird dieses Bittgebet für sie gesprochen.

Die arabischen Buchstaben

Buchstabe	Umschrift	Name	Aussprache
ا	a,i,u / ā	ʾAlif	Nimmt entweder den Laut des getragenen Vokales an oder verlängert als Halbvokal das „a" zu „aa".
ب	b	Bāʾ	Ausgesprochen wie deutsches „b".
ت	t	Tāʾ	Ein an den Schneidezähnen gebildetes „t".
ث	ṯ	Ṯāʾ	Scharfes englisches „th" wie in den Wörtern „think" oder „thought".
ج	ǧ	Ǧīm	Gleicht im Deutschen dem „dsch" wie in „Dschungel" oder im Englischen dem „j" wie in „Jeans".
ح	ḥ	Ḥāʾ	Ein im Kehlkopf gebildetes und gehauchtes „h".

Buchstabe	Umschrift	Name	Aussprache	
خ	ḫ	Ḫāʾ	„Ch" in wie in den Wörtern „Bach", „Dach" oder „Sache".	dunkel
د	d	Dāl	Wie das deutsche „d".	
ذ	ḏ	Ḏāl	Weiches englisches „th" wie in den Wörtern „this" oder „that".	
ر	r	Rāʾ	Gerolltes „r" wie im Spanischen oder manchen deutschen Dialekten, z.B. dem Bayerischen.	dunkel
ز	z	Zay	Weiches „s" wie in den Wörtern „Seife" oder „sauber".	
س	s	Sīn	Scharfes „ss" wie in den Wörtern „Fluss" oder „Wasser".	
ش	š	Šīn	Dem „sch" im Deutschen gleich, wie in dem Wort „Moschee" oder „Schule".	
ص	ṣ	Ṣād	Scharfes „ss", das am Gaumen und nicht an den Schneidezähnen gebildet wird.	dunkel
ض	ḍ	Ḍād	Ein „d", das am Gaumen und nicht an den Schneidezähnen gebildet wird.	dunkel

Buchstabe	Umschrift	Name	Aussprache	
ط	ṭ	Ṭāʾ	„T", das am Gaumen und nicht an den Schneidezähnen gebildet wird.	dunkel
ظ	ẓ	Ẓāʾ	Weiches englisches „th" wie in „the", das sowohl an den Schneidezähnen als auch am Gaumen gebildet wird.	dunkel
ع	ʿ	ʿAyn	Erst wird ein Kehlkopflaut erzeugt, an den der jeweilige Vokal (a, i, u) angehangen wird.	
غ	ġ	Ġayn	Wie das deutsche „r" im Wort „Rubin" oder „Ranke".	dunkel
ر	r	Rāʾ	Gerolltes „r" wie im Spanischen oder manchen deutschen Dialekten, z.B. dem Bayerischen.	dunkel
ز	z	Zay	Weiches „s" wie in den Wörtern „Seife" oder „sauber".	
س	s	Sīn	Scharfes „ss" wie in den Wörtern „Fluss" oder „Wasser".	
ش	š	Šīn	Dem „sch" im Deutschen gleich, wie in dem Wort „Moschee" oder „Schule".	
ص	ṣ	Ṣād	Scharfes „ss", das am Gaumen und nicht an den Schneidezähnen gebildet wird.	dunkel

Buchstabe	Umschrift	Name	Aussprache	
ض	ḍ	Ḍād	Ein „d", das am Gaumen und nicht an den Schneidezähnen gebildet wird.	dunkel
ط	ṭ	Ṭāʾ	„T", das am Gaumen und nicht an den Schneidezähnen gebildet wird.	dunkel
ظ	ẓ	Ẓāʾ	Weiches englisches „th" wie in „the", das sowohl an den Schneidezähnen als auch am Gaumen gebildet wird.	dunkel
ع	ʿ	ʿAyn	Erst wird ein Kehlkopflaut erzeugt, an den der jeweilige Vokal (a, i, u) angehangen wird.	
غ	ġ	Ġayn	Wie das deutsche „r" im Wort „Rubin" oder „Ranke".	dunkel
ف	f	Fāʾ	Wie deutsches „f" in „Fisch".	
ق	q	Qāf	Ein im Kehlkopf gebildeter Verschluslaut.	dunkel
ك	k	Kāf	Wie deutsches „k" in „Kreis" oder „Kugel".	
ل	l	Lām	Gleich dem deutschen „L" in „Liste" oder „Land".	

Buchstabe	Umschrift	Name	Aussprache
م	m	Mīm	Wie deutsches „m" im Wort „Mosaik" oder „Markt".
ن	n	Nūn	Wie das deutsche „n" im Wort „nett" oder „Nase".
ه	h	Hāʾ	Ein aus der Lunge herausgepresstes „h", ähnlich wie im deutschen Wort „Haus".
و	w / ū	Wāw	Wie „w" im Englischen in den Wörtern „window" oder „water".
ى	y / ī	Yāʾ	Gleich dem „j" im Deutschen wie in „Jerusalem" oder „Jesus".

GLOSSAR

’Aḏān Der Gebetsruf (*al-’Aḏān*) [Arabisch: ’Aḏān. Türkisch: Ezan] wird vor allen fünf Pflicht-gebeten ausgerufen, damit die Muslime zum Gebet in die Moscheen kommen.

‘Afw Die Verzeihung (*al’-Afw*) beschreibt eine Art der Vergebung, bei der die Sünden gelöscht werden und man über sie weder am Tage der Auferstehung befragt noch für sie im Jenseits bestraft wird.

’Aḥādīṯ Mehrzahl von *Ḥadīṯ* ð siehe *Ḥadīṯ*.

al-‘Adl Dies ist ein Name von Aḷḷāh und heißt übersetzt „der Gerechte“ und beschreibt die Eigenschaft Aḷḷāhs der vollkommenen Gerechtigkeit.

al-‘Afuww Dies ist ein Name von Aḷḷāh und heißt übersetzt „der Verzeihende“ und beschreibt die vollkommene Eigenschaft des Verzeihens (*al-‘Afw*).

al-‘Alīm Dies ist ein Name von Aḷḷāh und heißt übersetzt „der Allwissende“ und beschreibt die vollkommene Eigenschaft des Wissens und der Kenntnis.

al-Firdaws ð siehe *Ǧannat-al-Firdaws al-’A‘lā*

al-Ġaffār Dies ist ein Name von Allāh ﷻ und heißt übersetzt „der Beste im Vergeben" und beschreibt die vollkommene Eigenschaft des Vergebens.

al-Ġafūr Dies ist ein Name von Allāh ﷻ und heißt übersetzt „der Vergebende" und beschreibt die Eigenschaft des Vergebens.

Allāh Dies ist der vermutlich bekannteste arabische Name von Gott und heißt übersetzt „Derjenige, Der angebetet wird" und beinhaltet alle anderen Namen Allāhs ﷻ.

al-Muǧīb Dies ist ein Name von Allāh ﷻ und heißt übersetzt „der Antwortende" und beschreibt die Eigenschaft, dass Er ﷻ die Bittgebete erhört.

‘Aqīdah Dies ist der Name einer Wissenschaft innerhalb des ’Islāms und wird häufig mit „Glaubenslehre" übersetzt. Sie beschäftigt sich mit den Glaubensinhalten wie dem *Tawḥīd* (ð siehe *Tawḥīd*) oder den sechs Säulen des ’*Īmāns* (ð siehe ’*Īmān*).

’Arkān Mehrzahl von *Rukn* ð siehe *Rukn*.

ar-Raḥīm Dies ist ein Name von Allāh ﷻ und heißt übersetzt „der Barmherzige" und beschreibt die Eigenschaft, dass Allāh ﷻ den Muslimen ihre Sünden vergibt.

ar-Raḥmān Dies ist ein Name von Allāh ﷻ und heißt übersetzt „der Allerbarmer" und beschreibt die Eigenschaft, dass Allāh ﷻ aufgrund von seiner vollkommenen Barmherzigkeit sowohl alle Sünden vergibt als auch jeden Menschen unabhängig von seiner Religion (im Diesseits) versorgt.

ar-Rayyān	Dies ist der Name von einem der Acht Tore des Paradieses. Jedes Tor ist bestimmten Taten gewidmet und *ar-Rayyān* ist das Tor des Fastens.
ar-Razzāq	Dies ist ein Name von Allāh ﷻ und heißt übersetzt „der Versorger" und beschreibt die Vollkommene Eigenschaft des Versorgens.
aš-Šāfī	Dies ist ein Name von Allāh ﷻ und heißt übersetzt „der Heiler" und beschreibt die Vollkommene Eigenschaft des Heilens.
at-Tawwāb	Dies ist ein Name von Allāh ﷻ und heißt übersetzt „Derjenige, Der Seine Diener zur Reue führt und die Reue von ihnen annimmt" und beschreibt genau die Eigenschaft, die der Name ausformuliert bedeutet.
'Āyah	Wörtlich übersetzt bedeutet es „Wunder" und bezeichnet einen Vers im Qur'ān. Die Übersetzung „Vers" ist jedoch nicht sonderlich zutreffend, weil dadurch der wunderhafte Charakter, den jede einzelne 'Āyah des Qur'āns innehat, nicht vermittelt wird.
'Āyāt	Mehrzahl von *'Āyah* ð siehe *'Āyah*
'Āyat-al-Kursiyy	Dies ist der Name der 255. *'Āyah* der 2. Sūrah al-Baqarah und wird mit „der Vers des Thronschemels" oder „der Thronschemelvers" übersetzt.

ʿAyn	Dies wird umgangssprachlich unter Muslimen häufig einfach mit „Auge" (Türkisch: „Nazar") übersetzt, jedoch ist die passendere Entsprechung in der deutschen Sprache „der böse Blick". Es geht darum, dass jemand aufgrund eines mit Neid erfüllten Blickes demjenigem, den er beneidet, Schaden zufügt. Diesen bösen Blick kann man jedoch nicht durch Klopfen auf Holz oder durch Talismane und Amulette abwehren, sondern ausschließlich durch Praktiken, die der ʾIslām gelehrt hat wie das Belesen mit Qurʾān oder dass der Neider die Gebetswaschung (*al-Wuḍūʾ* ð siehe *Wuḍūʾ*) durchführt und dieses Wasser daraufhin über den Beneideten gegossen wird.
Das Erlernen der Religion	ð siehe *Ṭalab-al-ʿIlm*
Das Streben nach Wissen	ð siehe *Ṭalab-al-ʿIlm*
Daʿwah	Sprachlich bedeutet es „Einladung" oder „Aufruf" und bezeichnet islamwissenschaftlich, jemanden zum ʾIslām einzuladen.
Die Diener des Allerbarmers	Dies ist ein Titel, mit dem im Qurʾān Muslime bezeichnet werden, die bestimmte Eigenschaften tragen. Diese werden im ersten Teil dieses Buches erläutert. Der Allerbarmer bedeutet auf Arabisch *ar-Raḥmān* (ð siehe *ar-Raḥmān*).
Ḏikr	Dies bezeichnet Gedenksprüche und Lobpreisungen, mit denen Allāh ﷻ gerühmt wird.
Duʿā	Auf Deutsch bedeutet es „Bittgebet" und bezeichnet jede Bitte, die an Allāh ﷻ gerichtet wird.

Farḍ-al-ʿAyn	Dies bezeichnet eine wichtige Pflicht, die obligatorisch jedem Muslim obliegt. Jeder, der sie nicht durchführt, wird am Tage der Auferstehung danach befragt.
Farḍ-al-Kifāyah	Dies bezeichnet eine wichtige Pflicht, die nur einzelnen Individuen der muslimischen Gemeinschaft obliegt. Wenn ein paar dieser nachkommen, werden alle anderen danach am Tage der Auferstehung nicht befragt, weshalb sie es nicht gemacht haben. Sollte jedoch niemand einer solchen Pflicht nachgekommen sein, werden alle dafür am Jüngsten Tag abgerechnet.
Fiqh	Sprachlich bedeutet es „Verständnis" und beschreibt islamwissenschaftlich die Wissenschaft, die sich mit den ausführbaren Taten befasst, die sich in Anbetungen (’Ibādāt) und zwischenmenschliche Handlungen (Muʿāmalāt) unterteilen.
Ǧannat-al-Firdaws al-ʾAʿlā	Dies ist der Name der höchsten Paradiesstufe, die wir Muslime erreichen können, und dessen Dach der Thron Allāhs ﷻ ist. Im Detail gibt es jedoch einen Platz, der noch weiter darüber ist. Dieser ist allerdings dem Propheten Muḥammad ﷺ vorbehalten. Er heißt „Maqām maḥmūd" und ist den meisten Muslimen aus dem *Duʿā* (ð siehe *Duʿā*) nach dem *’Aḏān* (ð siehe *’Aḏān*) bekannt.
Ġusl	Dies bezeichnet die rituelle Ganzkörperwaschung, die nach Beischlaf, Ejakulation, Menstruation oder dem Wochenbett obligatorisch ist, um wieder rituell rein zu werden.

Ḥadīṯ Dies bezeichnet eine Überlieferung, die eine Aussage des Propheten Muḥammad ﷺ über seine *Ṣaḥābah* (ð siehe *Ṣaḥābah*) ﵃ und deren Schüler und wiederum über deren Schüler usw. weitergegeben wurde.

Ḥadīṯ qudsiyy Dies bezeichnet einen *Ḥadīṯ* (ð siehe *Ḥadīṯ*), in dem der Prophet Muḥammad ﷺ eine direkte Aussage von Aḷḷāh ﷻ nennt, die kein Teil des Qur'āns ist.

Ḥamd Übersetzt bedeutet es «das Lob» und bezeichnet das Beschreiben des Gepriesenen mit Vollkommenheit.

Ḥasad Dies wird mit „Neid" übersetzt und beschreibt, dass jemand aufgrund eines mit Neid erfüllten Blickes demjenigen, den er beneidet, Schaden zufügt. Diesen Neid kann man ausschließlich durch Praktiken abwehren, die der 'Islām gelehrt hat wie das Belesen mit Qur'ān oder dass der Neider die Gebetswaschung (*al-Wuḍū'* ð siehe *Wuḍū'*) durchführt und dieses Wasser daraufhin über den Beneideten gegossen wird.

ḥasan Dies ist eine Klassifizierung für 'Aḥādīṯ (ð siehe *Ḥadīṯ*) und bedeutet übersetzt „gut". 'Aḥādīṯ mit solch einer Klassifizierung durch die Gelehrten werden verwendet, um eine islamische Lehre daraus zu ziehen oder ein islamisches Urteil davon abzuleiten, auch wenn sie nicht die Stufe von *ṣaḥīḥ* (ð siehe *ṣaḥīḥ*) erreicht haben.

Ḥasanah Es wird häufig mit „gute Tat" übersetzt, bezeichnet darüber hinaus aber auch eine Art „Plus-Punkt", der einem in sein Taten-Buch gutgeschrieben wird.

Ḥasanāt Mehrzahl von *Ḥasanah* ð siehe *Ḥasanah*.

heilige Überlieferung	ð siehe *Ḥadīṯ qudsiyy*
Ḥušūʿ	Es wird mit „Demut" übersetzt und beschreibt die Widmung zu einer Tat mit Konzentration, Ruhe, Gemach und Bedacht. Im Kontext dieses Buches steht die Demut hauptsächlich in Verbindung mit dem Gebet.
ʿIbād-ar-Raḥmān	ð siehe *Diener des Allerbarmers*
ʾIḥsān	Dies ist die beste Art und Weise, wie man Allāh ﷻ anbeten kann und beschreibt, dass man sich so verhält und Ihm so dient, als würde man Ihn sehen können; auch wenn man Ihn tatsächlich nicht sehen kann, jedoch hat man immer vor Augen, dass Er einen sieht.
ʾĪmān	Dies bedeutet sprachlich „Glaube" und bezeichnet die sechs Säulen, an die jeder Muslim glauben muss: Allāh, Seine Engel, Seine Bücher, Seine Gesandten, den Tag der Auferstehung sowie das Schicksal (ð siehe *Qadr*).
ʾIsnād	Dies wird häufig mit „Überlieferungskette" übersetzt und bezeichnet die kettenartige Reihenfolge von Personen, die einen *Ḥadīṯ* (ð siehe *Ḥadīṯ*) überliefert haben. Jedem *Ḥadīṯ* liegt eine solche Überlieferungskette zu Grunde und ist der Teil, mit dem die Gelehrten einen *Ḥadīṯ* klassifizieren können.

’I‘tikāf Dies beschreibt die Handlungsweise, dass man sich für die letzten zehn Tage des Fastenmonats Ramaḍān in die Moschee zurückzieht; dass man dort auch schläft, nachts isst und trinkt, jedoch die allermeiste Zeit mit Anbetungen verbringt – was auch der eigentliche Sinn dieses Zurückziehens ist.

Kalām-ul-Ḷāh Der Qur’ān ist das heilige Buch des Islams und die erste und wichtigste Quelle für religiöse Angelegenheiten. Er enthält keine Aussagen des Propheten Muḥammad ﷺ, sondern das, was Aḷḷāh ﷻ gesagt hat. Daher wird er auch „Die Rede Aḷḷāhs (*Kalām-ul-Ḷāh*)" genannt. Aus diesem Grund gilt der Qur’ān tatsächlich als Aḷḷāhs ﷻ Wort und nicht als ein Geschöpf, welches von Ihm erschaffen wurde.

Maġfirah Die Vergebung (*al-Maġfirah*) beschreibt eine Art der Vergebung, bei der die Sünden bedeckt, jedoch nicht gelöscht werden, weshalb man über sie am Tage der Auferstehung noch befragt wird.

Muḥsin Sprachlich ist ein *Muḥsin* jemand, der verbessert bzw. Gutes tut. Häufig ist dies gemeint, aber genauso ist ein *Muḥsin* auch derjenige, der den *’Iḥsān* (ð siehe *’Iḥsān*) verinnerlicht hat und praktiziert.

Mu’min Das ist derjenige, der den *’Īmān* (ð siehe *’Īmān*) mit seinen sechs Säulen verinnerlicht hat und praktiziert.

Muslim Das ist derjenige, der den *’Islām* mit seinen fünf Säulen verinnerlicht hat und praktiziert.

mustaḥab	Dies bezeichnet Taten, die zwar nicht verpflichtend (ð siehe *wāǧib*), jedoch erwünscht sind, durchgeführt zu werden. Die Durchführung einer solchen Tat wird von Allāh ﷻ belohnt, doch die Unterlassung davon wird nicht bestraft.
Muṣṭalaḥ-al-Ḥadīṯ	Dieses Fach bezeichnet die Wissenschaft, die sich mit den Fachbegriffen der *Ḥadīṯ*-Wissenschaft (ð siehe *Ḥadīṯ*) beschäftigt und diese definiert.
Qadr	Zu Deutsch das „Schicksal" im Guten wie im Schlechten bezeichnet die sechste Säule des *'Īmāns* (ð siehe *'Īmān*). Der Mensch unterliegt sowohl dem Schicksal, das Allāh ﷻ für ihn vorherbestimmt hat, als auch seinem eigenen Willen.
Qiyām-al-Layl	Es bezeichnet das freiwillige Nachtgebet, dass zwischen dem Nachtgebet (Arabisch: Ṣalāt-al-ʿIšāʾ. Türkisch: Yatsı Namazı.) und dem Morgengebet (Arabisch: Ṣalāt-al-Faǧr. Türkisch: Sabah Namazı) verrichtet werden kann.
Rakaʿah	Es bezeichnet eine einzelne Gebetseinheit. Ein Gebet besteht meistens aus zwei, drei oder vier Gebetseinheiten. Das ungerade Gebet (al-Witr), das zum Abschluss vom *Qiyām-al-Layl* (ð siehe *Qiyām-al-Layl*) verrichtet wird, bildet dabei die einzige Ausnahme.
Rāqī	Ein *Rāqī* ist jemand, der Menschen oder auch Dinge wie Wohnungen oder Wasser mit Qurʾān beliest, um negative Einflüsse aus der verborgenen Welt wie *Siḥr* (ð siehe *Siḥr*) *ʿAyn* (ð siehe *ʿAyn*) oder *Ḥasad* (ð siehe *Ḥasad*) zu beseitigen.

Rukn Dies bezeichnet eine Voraussetzung, ohne die eine gottesdienstliche Handlung ungültig wird. Der Unterschied zu eimen *Šarṭ* (ð siehe *Šarṭ*) ist, dass ein *Rukn* innerhalb einer Tat ist. Ein *Rukn* des Gebetes ist bspw. die Rezitation von Sūrah (1) al-Fātiḥah (im Gebet).

Ruqāh Mehrzahl von *Rāqī* ð siehe *Rāqī*

Ṣadaqah Eine Ṣadaqah ist eine Spende, die man für Allāh ﷻ an bestimmte Menschengruppen und Institutionen gibt wie beispielsweise einem Armen, einem Reisenden, einer 'Islām-Schule, einer Moschee, einer Hilfsorganisation etc.

Ṣaḥābā Mehrzahl von *Ṣaḥābī* ð siehe *Ṣaḥābī*

Ṣaḥābī Als Ṣaḥābī wird ein Gefährte des Propheten Muḥammad ﷺ bezeichnet. Per Definition ist jeder ein *Ṣaḥābī*, der den Propheten Muḥammad ﷺ persönlich gesehen hat, an ihn glaubte und auch als Muslim gestorben ist.

ṣaḥīḥ Dies ist eine Klassifizierung für *'Aḥādīṯ* (ð siehe *Ḥadīṯ*) und bedeutet übersetzt „gesund" und sagt aus, dass der jeweilige *Ḥadīṯ* die höchste Stufe an Authentizität erreicht hat. *'Aḥādīṯ* mit solch einer Klassifizierung durch die Gelehrten sind die ersten, die verwendet werden, um eine islamische Lehre daraus zu ziehen oder ein islamisches Urteil davon abzuleiten.

Salām Dies bezeichnet den Friedensgruß, den sich Muslime untereinander sowohl zur Begrüßung als auch zur Verabschiedung entgegenbringen.

Šar‘ ð siehe *Šarī‘ah*

Šarī‘ah Die *Šarī‘ah* ist im Gegensatz zu der Vorstellung mancher Menschen kein Gesetzbuch. Es ist nicht einmal in dem Sinne ein Buch, das man in die Hand nehmen und lesen könnte. Vielmehr bezeichnet dieser Begriff alle Gebote, Verbote und Weisungen, die uns der ’Islām lehrt. Angefangen bei der Durchführung des Gebetes bis hin zur Anleitung zu beispielsweise einem islamkonformen Wirtschafts- und Handelswesen.

Šarṭ Dies bezeichnet eine Voraussetzung, ohne die eine gottesdienstliche Handlung ungültig wird. Der Unterschied zu eimen *Rukn* (ð siehe *Rukn*) ist, dass ein *Šarṭ* außerhalb einer Tat ist. Ein *Šarṭ* des Gebetes ist bspw. der *Wuḍū’* (ð siehe *Wuḍū’*) (vor dem Gebet).

Šayāṭīn Dies ist die Mehrzahl des Wortes „Šayṭān", das den meisten Muslimen jedoch bekannt ist. Der Šayṭān ist der Teufel bzw. Satan, der kein gefallener Engel, sondern ein Geisterwesen (Ǧinn) ist (18:50).

Sayyi’ah Es wird häufig mit „schlechte Tat" übersetzt, bezeichnet darüber hinaus aber auch eine Art „Minus-Punkt", der einem in sein Taten-Buch aufgeschrieben wird.

Sayyi’āt Mehrzahl von *Sayyi’ah* ð siehe *Sayyi’ah*

Siḥr Dies bedeutet auf Deutsch „Zauberei" und bezeichnet die Durchführung eines Rituals, dass dazu führt, dass ein Geisterwesens (Ǧinn) auf eine Person oder einen Gegenstand wie bspw. eine Wohnung Einfluss nimmt.

Sīrah Sprachlich bezeichnet dies allgemein eine Biografie. Islamwissenschaftlich ist damit meistens, wenn keine konkrete Person genannt wird, der diese Biografie zugeordnet wird, die Lebensgeschichte des Propheten Muḥammad ﷺ gemeint.

Širk Das arabische Wort *Širk* wird auf Deutsch häufig mit „Beigesellung" übersetzt und bezeichnet die absolut größte Sünde, die ein Mensch begehen kann. Dies ist, dass man neben Allāh ﷻ jemanden oder etwas anderes anbetet. Wenn ein Muslim stirbt, und noch nicht alle Sünden bereut hat, können diese vergeben werden. *Širk* stellt dabei die einzige Ausnahme dar und führt – sofern es nicht im Diesseits bereut wurde – zum ewigen Höllenfeuer. Siehe hierfür Sūrah (4) an-Nisā', 'Āyah 48 & 116.

Suǧūd Dies ist die Bezeichnung für die Niederwerfung, die sowohl im Gebet als auch beispielsweise aus Dankbarkeit zu Allāh ﷻ einfach so durchgeführt wird.

Šukr Dies bedeutet auf Deutsch „Dankbarkeit" und bezeichnet sowohl eine positive Aussage als auch eine positive Handlung, die im Gegenzug zu einer vorausgegangenen Gunsterweisung erfolgt.

Sunnah Der Begriff *Sunnah* bezeichnet in den verschiedenen islamischen Wissenschaften unterschiedliche Dinge. Im Allgemeinen ist mit Sunnah die zweite Quelle des Islams gemeint. In ihr wurden die Aussagen, Taten und stillschweigenden Billigungen des Propheten Muḥammad ﷺ festgehalten; diese drei Punkte sowie Beschreibungen von ihm ﷺ entsprechen der Definition von *Sunnah* in den *Ḥadīṯ*-Wissenschaften (ð siehe *Ḥadīṯ*). Im Fach *Fiqh* (ð siehe *Fiqh*) bezeichnet *sunnah* Taten, die nicht verpflichtend sind (ð siehe *mustaḥab*). Und im Fach *ʿAqīdah* (ð siehe *ʿAqīdah*) beschreibt es alles, was gegen unerlaubte Erneuerungen in der Religion (al-Bidʿah) ist.

Sūrah Der Qurān besteht aus mehreren Teilen, die als eine Art Kapitel verstanden werden können. Jedoch sind diese Kapitel nicht wie die Kapitel in einem herkömmlichen Buch: Weder sind sie chronologisch sortiert noch werden die meisten Themen in einem einzigen Kapitel behandelt. Die Übersetzung für *Sūrah* als „Kapitel" ist somit nicht ganz optimal, es soll lediglich zu einem besseren Verständnis davon beitragen.

Šurūṭ Mehrzahl von *Šarṭ* ð siehe *Šarṭ*

Suwar Mehrzahl von *Sūrah* ð siehe *Sūrah*

Tafsīr Dies ist eine Wissenschaft des ʾIslāms und bezeichnet die Erklärung des Qurʾāns, und wird gerne als „Koranexegese" übersetzt.

Takbīrah Dies bezeichnet das einmalige Aussprechen von „Allāhu ʾakbar".

Takbīrat-al-'Iḥrām	Dies bezeichnet die *Takbīrah* (ð siehe *Takbīrah*), die zu Beginn des Gebetes ausgesprochen wird.
Ṭalab-al-'Ilm	Dies wird häufig mit „Streben nach (religiösem) Wissen" übersetzt, wobei die Bedeutung davon noch viel tiefgründiger ist. Das arabische Wort „Ṭalab" bezeichnet nämlich, dass man etwas aktiv fordert. Somit ist auf der Bedeutungsebene „Wissensdurst" eine vielleicht noch schönere Übersetzung.
Taslīm	Dies bezeichnet das Aussprechen von „as-Salāmu 'alaykum" jeweils nach rechts (und nach links) zum Abschluss des Gebetes.
Tawḥīd	Dies bezeichnet den Ein-Gott-Glauben und bedeutet, Allāh ﷻ als einen zu sehen.
Überlieferungskette	ð siehe *'Isnād*
'Uṣūl-al-Fiqh	Das Wort 'Uṣūl bedeutet „Grundlagen", wodurch 'Uṣūl-al-Fiqh „die Grundlagen des (islamwissenschaftlichen Faches) *Fiqh* (ð siehe *Fiqh*)" bedeutet.
'Uṣūl-at-Tafsīr	Das Wort 'Uṣūl bedeutet „Grundlagen", wodurch 'Uṣūl-at-Tafsīr „die Grundlagen des (islamwissenschaftlichen Faches) *Tafsīr* (ð siehe *Tafsīr*)" bedeutet.
Veröden	Veröden ist eine medizinische Behandlungsmethode, bei der entweder kleine Blutgefäße durch die Anwendung von Hitze geschlossen oder Krampfadern durch die Injektion eines Serums entfernt werden.

wāǧib Dies bezeichnet Taten, die „verpflichtend" sind. Die Durchführung einer solchen Tat wird von Allāh ﷻ belohnt und die Unterlassung von ihr wird bestraft.

Wāǧibāt Dies sind Taten (Mehrzahl), die *wāǧib* (ð siehe *wāǧib*) sind.

weiße Tage Die „drei weißen Tage" bezeichnen den 13., 14. und 15. Tag jedes Monats, der im islamischen Mondkalender verzeichnet ist. An ihnen ist es *mustaḥab* (ð siehe *mustaḥab*), zu fasten.

Wuḍū' Dies bezeichnet die rituelle Waschung, die eine Voraussetzung (ð siehe *Šarṭ*) für das Gebet ist.

Zakāh Dies bedeutet sprachlich „Reinigung" und bezeichnet sowohl die „Reinigung der Seele" als auch die dritte Säule des 'Islāms, die häufig als «Pflichtabgabe» oder «Almosensteuer» übersetzt wird und ihre eigenen Gesetzmäßigkeiten hat. Da sie für jeden Muslim verpflichtend ist (ð siehe *Farḍ-al-'Ayn*), muss sich jeder Muslim mit ihr thematisch auseinandersetzen.

Zeit der Unwissenheit *Die Zeit der Unwissenheit* (Arabisch: al-Ǧāhiliyyah) bezeichnet die Zeitspanne vor dem 'Islām, in der die Araber noch vor der Offenbarung auf den Propheten Muḥammad ﷺ Götzen angebetet haben.

Zina Zu Deutsch bedeutet Zinā sowohl „Unzucht" als auch „Ehebruch". Es bezeichnet quasi jede Form des unehelichen Beischlafs.